Wolfgang Johannes Bekh
Alois Irlmaier

Wolfgang Johannes Bekh

Alois Irlmaier

Der Brunnenbauer von Freilassing

Sein Leben und seine Voraussagen

Grundlegend überarbeitete und um wesentliche
Kapitel erweiterte Neuausgabe

Ludwig Verlag

5., aktualisierte und erweiterte Auflage 1998

© 1990 W. Ludwig Buchverlag

GmbH & Co. Verlags KG München

Alle Rechte vorbehalten

Umschlaggestaltung: Manuela Hutschenreiter

Redaktion: Hans Dollinger

Produktion: Manfred Metzger

Druck: Ebner Ulm

ISBN 3-7787-3732-5

Inhalt

Einleitung 8
Die Wasseradern 11
Der Brunnenbauer 23
Der Nothelfer 39
Vorkommnisse 47
Aussagen 82
Der Seher 114
Der Tod 157
Drei Kronen an der Donau 171

Anhang:
Zeittafel 176
Zeugnisse 181
Literatur über Alois Irlmaier 188
Danksagung 189
Abbildungsverzeichnis 190

ὅταν λέγωσιν· εἰρήνη καί ἀσφάλεια, τότε αἰφνίδιος
αὐτοίς ἐπίσταται ὄλεθρος ὥσπερ ἡ ὠδίν τῇ ἐν γαστρί
ἐχούσῃ, καί οὐ μή ἐκφύγωσιν.
  Πρός Θεσσαλονικεις α' 5,3

Wan so si sagent: Frid und Sicherheit
dann kumt uber sie der gech tot
alz daz sere (schmertze) in dem leib der habenden
und si enphliehent nit.
  1. Tessalonicher 5,3
  Codex Teplensis, 1530

Denn wenn sie werden sagen: Es ist Friede, es hat keine
Gefahr, so wird sie das Verderben schnell überfallen
gleichwie der Schmerz ein schwangeres Weib, und werden
nicht entfliehen.
  Luther-Übersetzung

Wenn sie von Frieden und Sicherheit reden, wird sie
plötzlich das Verderben überfallen wie die Geburtswehe
die Schwangere, und sie werden nicht entkommen.
  Kürzinger-Übersetzung

Wenn es allgemein heißt: „Friede und Sicherheit", dann
wird plötzlich das Unheil sie überkommen wie die Wehen
eine werdende Mutter, und es wird kein Entrinnen geben.
  Heyder-Übersetzung

Während die Menschen sagen: Friede und Sicherheit!,
kommt plötzlich Verderben über sie wie die Wehen über
eine schwangere Frau, und es gibt kein Entrinnen.
  Einheits-Übersetzung

Einleitung

Kaum ein Mensch löst in mir, wenn ich an ihn denke, eine solche Welle von Zuneigung und Vertrautheit aus wie der bescheidene Mann, dessen Leben zu beschreiben ich mir vorgenommen habe. Seine Augen sind, wenn ich dies zu Papier bringe, schon drei Jahrzehnte geschlossen. Heinz Waltjen, den ich auf einer mit Reinhard Loechle unternommenen Bayerwaldfahrt in Rabenstein besuchte, hat mir von diesen Augen erzählt. „Nett und freundlich, nicht fixierend und kritisch, sondern beobachtend" habe Irlmaier ihn angeschaut, „mit einem ruhigen, eindringlichen, aber nicht fordernden Blick".

Alois Irlmaiers Gestalt, sein Leben, seine Erscheinung in der Zeit setzt sich dem, der sie nach so langen Jahren in die Gegenwart heraufheben will, aus vielen Einzelzeugnissen zusammen. Der Verfasser mußte sich „durchfragen" wie ein Detektiv. Er mußte fragen, immer wieder fragen. Selten leistete die Erinnerung der nur noch ganz wenigen Bezugspersonen ihren Dienst. Sicherlich wäre zwanzig Jahre später kein lückenloses Lebensbild Irlmaiers mehr zusammenzusetzen gewesen. Zudem legte der „Datenschutz", unliebsame Begleiterscheinung des Computer-Zeitalters, dem glatten Vorwärtskommen des Forschers immer wieder einen Hemmschuh in den Weg. Nicht einmal die Taufdaten längst verstorbener historischer Personen waren ohne zeitraubende Umständlichkeiten in Erfahrung zu bringen. (Rühmlich sei an dieser Stelle das Freilassinger Standesamt ausgenommen, wo die Geduld niemals erlahmte.)

Auf weiten Strecken gesichert lagen diejenigen Voraussagen des Brunnenbauers vor, die über eine Aufklärung von Einzelschicksalen (darin war er zuverlässig) hinausgehen, Voraussagen, die den ganzen deutschen Sprachraum, ja selbst entlegene Teile Europas und einen großen Krieg betreffen. Es war – ohne Gefahr, hier unvollständig zu sein, schlechterdings nicht möglich, auf solche bereits anderswo veröffentlichten Aussagen zu verzichten. In eine Zusammenfassung, soll sie erschöpfend sein, muß außer dem vielen Unbekannten auch manches längst Bekannte aufgenommen werden. Einer durchschnittlichen Vorstellungskraft unzugänglich bleibt Irlmaiers erstaunliche und verblüffende Sehergabe ohnehin, so daß die Hamburger Illustrierte *Stern* auf den ersten Blick recht zu haben schien, wenn sie 1950 unverhohlen gehässig schrieb: „Die Dummen werden niemals alle. Und solange es sie gibt, werden bauernschlaue Scharlatane auf ihre Kosten angenehm zu leben wissen ... Wer nicht über klingende Münze verfügt, hat keine Chance, bei dem Meister (Irlmaier) vorgelassen zu werden."

Das war 1950 geschrieben worden, als bei manchem Publizisten die Umfärbung von bräunlich in rötlich noch nicht allzulang zurücklag; die Neigung zu schwarz oder weißblau mußte bei einem Hamburger Presseorgan ohnehin kaum befürchtet werden. Man war nachher sowenig konservativ wie vorher. Irlmaier war es! Er war – davon soll in diesem Buch die Rede sein – schwarz (prononciert katholisch) und weißblau (patriotisch bayerisch), mit einem Wort: für das Hamburger Massenblatt ein Ärgernis. Die Gabe des Hellsehens darf als Neben-Kriegsschauplatz gewertet werden. Nicht sein konnte, was nicht sein durfte. Der Mann war ein Hinterwäldler, kein richtiger Deutscher.

Seitdem sind vier Jahrzehnte verflossen. Die Warnungen des völkerrechtskundigen Priesters und Hitlergegners Carl Oskar von Soden vor dem Irrtum des kleindeutschen, großpreußischen Nationalstaats und seiner Hauptstadt Berlin, vor einer Konstruktion, die nach dessen Bekundung „Europa in zwei Weltkriege gestürzt hat", werden heftiger denn je in den Wind geschlagen. Soden hatte den Untergang des ganzen Gebildes vorausgesehen, „das in seinem Drang nach Herrschaft die europäische

Einleitung

Vormacht anstreben müsse, nachdem es die deutsche erobert hatte". Und es jubeln dieselben Blätter, die damals über Irlmaier richteten, nein, nicht über den Frühling der Freiheit in Preußen-DDR, sondern über die Aussicht, ein Gebilde wiederherzustellen, das ganze 73 Jahre alt geworden und in einem Meer von Blut und Tränen untergegangen war.

Beim Anblick der zur Jahreswende veranstalteten Massenfeier in beiden Teilen Berlins wollte sich keine ungetrübte Mitfreude einstellen. Die Jahresbilanz der vermeintlich Führenden war wie im Rausch verfaßt, ihr Optimismus schien grenzenlos. In ihren Prognosen, veröffentlicht in einer der genannten Massenzeitungen, kam das Wort „Friede" so zahlreich vor, daß man des Zählens bald müde wurde.

Nun scheint auch die Nahtstelle der Machtblöcke verwischt zu werden; die Wesenszüge der verfeindeten Ideologien waren es ja schon vorher, haben sich längst den Klischees von „Kapitalismus" und „Kommunismus" entzogen. Die eine Macht, so ungläubig wie die andere, ist an sich selbst gescheitert, die andere ist gefangen im materialistischen Denken. Der einfache Mann glaubt nur, was er sieht: *Friede!* In den Meinungsumfragen sank die Zahl derer, die mit einem dritten Weltkrieg rechnen, auf den tiefsten Stand.

Daß die Zeit, gerade *diese* Zeit nicht über Irlmaier hinweggegangen ist, im Gegenteil, daß der Brunnenbauer von Freilassing leider zeitgemäßer, dieser Zeit gemäßer ist als je zuvor, kann das vorliegende Buch vielleicht beweisen.

Am Tag des heiligen Blasius 1990

Wolfgang Johannes Bekh

Die Wasseradern

„Bein Brugdoja brinnts!" – „Bein Brugdoja brinnts!" Schrille Schreie stechen in die Nacht. Vom Nachbarn zum Gaßl hasten sie herbei. Die Bruckthaler-Kinder irren in ihren kurzen Flatterhemden, grausam aus dem Schlummer gerissen, zitternd in der nächtlichen Kälte um die Brandstatt herum. Das gerettete Vieh ist an den Obstbäumen festgebunden. Hoch schlagen Flammen aus dem Dach, züngeln aus den Fenstern, glühende Sparren und Balken krachen in sich zusammen. Im Gluthauch wirbeln Schindeln wolkenwärts, leuchten ein letztes Mal auf, bevor die Nacht sie schluckt. „Heilige Mutter Gottes von Eck, verschon doch unsern Hof!" klagt Maria, die Mutter der heimstattlosen Kinder zu ihrer Namenspatronin.

Man schreibt den 29. September – den „Michelitag" – 1926. Die hochgelegenen Wiesen und Almen um Scharam, einer bäuerlichen Streusiedlung zwischen Eisenärzt und Maria Eck, sind überpudert, als hätte es geschneit, es ist aber der erste, bitterkalte Reif, der das Grün der Wiesenlandwirte in blendendes Weiß taucht. Trotz der Hitze, die von der tosenden Flammenfackel ausströmt, schüttelt es die Kinder vor Kälte. Beim schrittnahen „Gaßl" ist man in Sorge, daß die Flammen übergreifen könnten; des Bruckthalers brennendes Torhaus stößt beim Gaßlhof beinah an den Stall. Der Gaßl nimmt in seine Stube alle drei Bruckthaler-Kinder auf, die Maria, die älteste, viereinhalbjährig, den dreijährigen Lois, den gleichaltrigen Ziehsohn Hans. „Wie wenn's erst gestern gewesen wär, seh ich die drei bibbernd auf der Ofenbänk sitzen und am Kanapee", erinnert sich die Gaßl-Tochter Maria, später jahrzehntelang Sennerin auf der Hochfelln-Alm.

Ausgerechnet in dieser Nacht war der Bruckthaler außer Haus, auf Landmaschinenkauf in München. Der Hof war ringsum fest und hoch eingezäunt. Auf so einen Zaun hatte der Bauer – ganz und gar unüblich – Wert

Die Wasseradern

gelegt. Aber da entdeckte man es: ein Loch war aus dem Zaun geschnitten, ein fast kreisrundes, daß ein Mensch bequem hindurchschlüpfen konnte. Und vor dem Brand gab es noch eine weitere Merkwürdigkeit: Der schwere zottige Bernhardinerhund war zwei Nächte zuvor verschwunden. Die Feuerwehr kam zu spät, es gab nicht ausreichend Wasser. Wahrhaftig, es fehlte an Löschwasser. Der Hof brannte „bis auf die Grundmauern" nieder; hier stimmte die stehende Redewendung wörtlich. Was vom Bruckthalerhof blieb, waren Steinbrocken, verkohlte Holzreste, ein Aschenhaufen.

Als der Bauer, der am nächsten Tag aus München zurückkehrte, vor den Trümmern seiner Heimat stand, stieg es ihm naß in die Augen. Und wieder einen Tag später schweifwedelte der verloren geglaubte Bernhardinerhund um seine Füße. Der Bauer vermutete: „Das Loch im Zaun hat der gemacht, der das Haus anzundn hat, damit er hereinkommt. Und er hat vorher den Hund wegtan, daß er net meldt!" Die Kinder wühlten, als die Glut erkaltet war, im Staub und in der Asche. Vom ganzen Haus war nur ein Kaffeehaferl geblieben und eine Muttergottesfigur aus Porzellan, über und über rußgeschwärzt. Der Bauer nahm die Figur der Gottesmutter, die er in ihrer Schwärze kaum wiedererkannte, in die Hand und schüttelte den Kopf, als dürfte das alles nicht wahr sein. Der Bauer hieß Alois Irlmaier.

Als der Bauer abwechselnd auf die verrußte Porzellanmadonna in seiner Hand und auf den schwarzen Aschenhaufen starrte, der von der Stätte seiner Kindheit und seines bisherigen Lebens geblieben war, ließ er den Blick tief nach innen gleiten. Er ließ ihn zurückschweifen, weit in die Vergangenheit. An dieser Stelle, irgendwo unter dem wirren Haufen, der von der Brandstatt geblieben war, hatte er das Licht der Welt erblickt, wie es auf dem Standesamt der ehemals freien Gemeinde Eisenärzt verzeichnet ist, auf dem Bruckthalerhof in Oberscharam,

Die Wasseradern

hart unterhalb der Wallfahrtskirche Maria Eck, um neun Uhr früh am 8. Juni 1894. Als Eltern wurden vermerkt: Alois Irlmaier, geboren 1859 in Oberscharam, und Anna Irlmaier, geboren 1864 als Anna Felber in Hochberg bei Eisenärzt.

Wie üblich gab es am selben Tag noch eine Taufe. Auf dem Kutschbock ließ der Vater die Geißel schnalzen, holperte im Gäuwagl den steilen Berg hinunter nach Siegsdorf. „Die Tant", eine Schwester der Mutter, hielt im Steckkissen den Säugling im Arm. Die spitzgotische Pfarrkirche „Mariä Empfängnis" hatte vor über hundert Jahren eine Rokoko-Ausstattung erhalten. In der weiten gotischen Halle glänzen die vergoldeten Heiligen im zwanzigsten Jahrhundert so gut, wie sie es im neunzehnten und achtzehnten taten. Und von Anfang an hatte hart vor dem rechten Seitenaltar, unmittelbar unter dem Predigtstuhl, das marmorne Taufbecken seinen Platz gehabt. Es gleicht einer klassischen Urne. Hier stand Vater Alois, ein stämmiger Mann im Alter von fünfunddreißig Jahren, auf dem holprigen Marmorpflaster und verfolgte lächelnd, wie der geistliche Herr, Pfarrer Georg Schlinzger aus Gars, mit Kreuzzeichen und Anrufung des Heiligen Geistes den väterlichen Taufnamen an den Erstgeborenen weitergab. Standesamtlich wurde die Geburt in der damaligen Gemeindekanzlei Eisenärzt verbucht.

Von Eisenärzt, einem weitverzweigten Dorf mit Höfen und Hütten, inmitten einer paradiesisch zu nennenden Wiesenlandschaft, mit scharfkantigen Bergen als Hintergrund und Rahmen, kommen wir auch heute noch auf einem steil gewundenen Sträßlein, am Sturzbach entlang, durch Buchengestäng und Strauchgestrüpp bergauf, bis wir den saftigen Almboden gewinnen, nach Scharam. Hier verbrachte der Bauernbub Alois Irlmaier in den letzten Jahren des vergangenen Jahrhunderts eine für uns von Anfang an rätselvolle Kindheit.

Die Wasseradern

Es ist wissenschaftlich nachgewiesen, daß eine bestimmte Landschaft, ihre geographische Beschaffenheit, ihr Pflanzenwuchs, ihre Tierwelt und ihr Witterungsablauf in einem engen Zusammenhang mit Lebensgrundstimmung, Gefühlswelt und Gedankenstruktur der dort lebenden Menschen stehen. Wetter und Bodenbeschaffenheit, Wasservorkommen und Minerale sind von geradezu elementarem Einfluß auf die Menschenseele. Die heimatliche Umgebung prägt den in ihr aufwachsenden Menschen.

Die Reize der frühkindlichen Umwelt setzen ganz bestimmte Begabungsmerkmale frei, fordern und entfalten sie. Es kann angenommen werden, daß dies auch auf die präkognitive – die „seherische" – Begabung zutrifft. Sicherlich waren unsere Vorfahren für diesen Wahrnehmungsbereich noch stärker sensibilisiert als wir. Vielleicht ist die außersinnliche Wahrnehmung eine im Menschen angelegte, aber im Verlauf der Entwicklungsgeschichte mehr und mehr verkümmerte Eigenschaft. Die heutige Arbeitshetze, die Belastung durch hochtechnische Apparate, die mit Reizen überflutete Welt des Zivilisationsmenschen ließen und lassen solche Sensibilität verlorengehen. Die Künstlichkeit neuer „Techniken" der Besinnung, der Meditation, der Naturverbundenheit weisen darauf hin, daß in unserem vom Rationalismus und Materialismus paralysierten Leben etwas Wesentliches verlorengegangen sein muß. Einsamkeit mag der Gabe des „Zweiten Gesichts" förderlich sein, abträglich die Hast des Großstadtlebens. In der Stimmungswelt einer Moor- und Heidelandschaft tritt sie bevorzugt auf, auch in der vom Rauschen des Windes getragenen Tiefe und Stille eines Waldgebietes. Menschen, die dem Glauben der Väter treu verbunden sind, spüren sie am ehesten.

Wir kennen die Gabe der Präkognition, der Überwindung von Raum und Zeit in der Vorstellungswelt eines Menschen, am ehesten von einsam lebenden sogenannten

Die Wasseradern

„Spökenkiekern" der niederdeutschen Heidelandschaft, auch von manchen Schafhirten und Glasbläsern des Bayerischen Waldes. Ans oberbayerische Hochland denkt man nicht in erster Linie, wenn von solchen Menschen und von solcher Begabung die Rede ist. Dennoch wuchs in dem Bauernbuben Alois Irlmaier vom Bruckthalerhof (der freilich einsam und abgeschlossen genug auf dem ringsum aus Tälern emporsteigenden Scharamer Bergsporn lag) der wohl bedeutendste Sensitive unserer Zeit heran. Dabei war Alois Irlmaier keineswegs von Anfang an ein sogenannter „Hellseher". Diese Gabe sollte erst von einem einschneidenden Erlebnis ausgelöst werden.

Dennoch hatte Irlmaier eine bedeutende Veranlagung von Geburt an mitbekommen: Er war ein spürsicherer Wünschelrutengänger, der jede Wasserader fand. Als Bauernbub ging er seine eigenen Wege und hing wie ein Träumer seinen Gedanken nach, fühlte, daß es ihn schüttelte und in ihm zerrte, wenn er an bestimmten Stellen auf den Wiesen und Äckern, den Hängen und Gründen seiner Heimat stand. Er nahm ein bestimmtes herausforderndes „Zischen" in Händen und Füßen wahr. Bald kam er darauf, daß es immer dann „zischte", wenn er über einem Wasserlauf stand. Er sprach oft von einem „Krabbeln" und „Kitzeln" an den Fußsohlen (man ging ja barfuß) und von einem ganz merkwürdigen Gefühl in den Händen, das dem des Handschuh-Abstreifens ähnlich sei. Als er ungefähr sieben Jahre alt war, spürte er es zum ersten Mal. Er wußte aber mit diesem Gefühl erst etwas anzufangen, als er irgendwann von einem Rutengänger hörte. Doch merkwürdig: Dem Alois zeigten sich die unterirdischen Quellen auch ohne Wünschelrute an. Seine Hände schlugen aus, wenn das Wasser noch so tief unter der Erde quoll. Diese Empfindung wurde im Lauf der Jahre stärker und stärker. Wenn er über eine Wasserader ging, bekam er immer deutlicher ein Gefühl in den Fingern, das er selbst vielleicht am treffendsten als „wurlert" bezeichnete. (Auf schriftdeutsch könnte man für den Ausdruck am besten „wimmelnd" sagen.) Die Blutadern der Hand traten dick und blau hervor, wurden manchmal fast zum Zerplatzen aufgetrieben.

Der für damalige Verhältnisse „landstolze" Bruckthalerhof betrieb auf sechsundfünfzig Tagwerk fast ausschließlich Weide- und Milchwirtschaft. „Sechs Tagwerk Holz, sechs Tagwerk Acker, zehn Tagwerk Streuwiesen, vierunddreißig Tagwerk Wiesen und Weide", so leiert es die Sennerin Maria noch nach über sechs Jahrzehnten herunter. Alois, der Hoferbe, ging dem Vater, wie üblich, bereits als Kind an die Hand. Er dengelte die Sense und wetzte sie. Er mähte das Gras in taunasser Frühe („graste ein"), darrte das Heu auf den „Manndln", fütterte, mistete aus, düngte und „strahrechte" wie die Alten.

Weil noch ein zweiter Sohn, Johann Irlmaier, nachgewachsen war (geboren am 15. Mai 1903 und am selben Tag auf den „Sommerhansl" getauft), wurde Alois am 4. August 1914 als Soldat eingezogen und gleich nach Rußland geschickt. Vom ersten bis zum letzten Kriegstag stand Alois Irlmaier im Feld, erfuhr das Inferno des Krieges, immer in Rußland. Wochen verbrachte er im Lazarett, einmal nach einem schweren Lungenschuß, einmal, als er durch die Explosion einer Feindgranate im Unterstand verschüttet worden war. Knapp entging er der Gefahr des Erstickungstodes. Vier Tage lag er ohne Nahrung und um Atem ringend unter der Erde. Seine Rettung grenzte an ein Wunder. Er hatte einen schweren Nervenschock erlitten. Vom Krieg gezeichnet kehrte der Vierundzwanzigjährige im Winter 1918 heim.

Anderthalb Jahre später machte er die am 13. August 1897 in Obergschwind bei Ruhpolding geborene Maria Schießlinger zu seiner Bäuerin. In der Siegsdorfer Pfarrkirche trat er mit ihr am 3. Mai 1920 vor den Traualtar. Die Eheschließung wurde auf dem Standesamt von Eisenärzt urkundlich beglaubigt. Nach der Übergabe des elterlichen Hofes stellte sich auch bald schon der Kindersegen ein.

Am 9. März 1922 wurde eine Tochter geboren und am selben Tag – nach der Mutter – auf den Namen Maria getauft. (Sie lebt zum Zeitpunkt der Entstehung dieses Berichts verheiratet in einem Dorf bei Hallein im Salzburger Land.) Im Jahr darauf, am 9. September 1923, kam der Stammhalter auf die Welt. Er wurde, wie es Brauch war, nach seinem Vater Alois getauft. (So gab es drei Generationen mit Namen Alois auf dem Hof, keine Seltenheit im römisch-katholischen Altbayern.) Beide Kinder sind auf dem Standesamt Eisenärzt beurkundet. (Nach der Gebietsreform wurde der ganze Eisenärzter Bestand an Akten dem Gemeindeamt Siegsdorf zugeschlagen.)

Der neun Jahre jüngere Bruder Hans hatte die elterliche Heimat längst verlassen, kam nur noch gelegentlich auf Besuch. Immer trug er einen feschen, maßgeschneiderten Anzug. Beim Nachbarn in Scharam hieß es, er sei Krankenpfleger in Wien. Die Verwandten wissen es besser: Er habe Medizin studiert und sei Arzt am Wiener Rochusspital gewesen. Für die Kinder war er „da reiche Onkl vo Wean". Wenn er kam, brachte er immer ein Papiersackl voll „Zuckerl" mit. Er starb eines frühen Todes, wurde keine fünfundvierzig Jahre alt, erstickte an einer Fischgräte. Einmal, als er wieder auf Besuch kam, bannte er die Familie seines Bruders auf die altmodische Platte. Es muß 1926 gewesen sein. Die Mutter des Bauern sitzt ganz links, dann folgt seine Gattin, die Bäuerin, mit um den Kopf zur Krone gelegten Zöpfen; sie hält ihr ältestes Kind Maria auf dem Schoß. Sogar einem Ziehsohn gab der liebenswürdige Alois Irlmaier Kost und Herberge, dem kleidsam in die „Kurze" gesteckten und mit Wadelstrümpfen, sogenannten „Loferln", ausgestatteten Johann Stöckl – er wurde später ein Opfer des Zweiten Weltkriegs, fiel im Luftkampf über Norwegen –, dann Irl-

Die Wasseradern

maier selbst mit seinem Sohn Alois auf dem Schoß und schließlich, ganz rechts, die treue Seele, die Hausmagd, genannt „Tant", Anna Hocker. Sie sitzen auf der „Sunnabänk", haben im Rücken das Haus, aus Stein gemauert, weiß gekalkt, mit Sprossenfenstern, Gittern und Läden.

Ein Sonderling, oder was man so nennt, war Irlmaier schon von Geburt an gewesen. Aber nun, seit er im Ersten Weltkrieg verschüttet worden war, brachen bei ihm noch andere, nur als „paranormal" zu bezeichnende Fähigkeiten auf. Seine Wasserfühligkeit prägte sich von Tag zu Tag stärker aus, wurde geradezu schmerzhaft. Er benützte die Weidenrute nur noch, wenn ein Auftraggeber den Vorgang des „Ausschlagens" ganz genau sehen wollte. Im allgemeinen ging Irlmaier ohne Rute auf Wassersuche. „Meine Finger tuan dees besser", waren seine Worte. Sogar eine Wünschelrute in der Hand eines Nichtfühligen schlug scharf nach unten, sobald Irlmaier den Daumen darauf hielt, und konnte auch von kräftigen Leuten nicht festgehalten werden. Das Experiment versagte nie und ist verbürgt. An zuckenden, ziehenden Gefühlen in seiner Hand konnte der junge Bauer ablesen, welche Richtung die Quelle nahm, und zwar so genau, daß er in der Lage war, den vollständigen Wasserlauf sofort in einen Grundrißplan einzuzeichnen. Neben der Spürsicherheit für Wasseradern traten an Irlmaier immer deutlicher hellseherische Fähigkeiten zu Tage. Er selbst vermutete: „Das ist gekommen, seit ich bei dem Feindangriff damals verschüttet worden bin." Den immer deutlicher werdenden außersinnlichen Wahrnehmungen ist bereits eine immer wieder von Bekannten Irlmaiers erzählte Begebenheit zuzuordnen: Sie hat, wie das meiste bei Irlmaier, mit dem Wasser zu tun. Ein Missionskloster in Argentinien wendete sich auf seiner Suche nach Wasser mit einer Planskizze an Irlmaier. Dieser fand die dringend benötigte Wasserader allein anhand der vorgelegten Planskizze und bezeichnete auf dem schlichten Blatt Papier die Stelle, wo man dann,

Die Wasseradern

als man nachgrub, fündig wurde. Es war Irlmaiers frühes Meisterstück.

Dann die Brandnacht. Irlmaier beim Landmaschinenkauf in München, Frau und Kinder retten aus dem Flammenmeer ihr nacktes Leben. Das Geburtshaus brennt ab zu einem Aschenhaufen. Rätsel über Rätsel. Der Bernhardinerhund fehlt auf einmal zwei Tage vor dem Brand. Hat er das toddrohende Unheil vorausgespürt wie die Tauben des Wiener Justizpalastes, die ihre Schlaf- und Brutstätten zwei Tage vor dem verheerenden Brand am 15. Juli 1927 in Schwärmen verließen? Oder war er wirklich entführt worden, damit er in der Brandnacht nicht melden könne? Was hatte das Loch im Zaun zu bedeuten? War der Brand gelegt worden? Irlmaier behauptete es. Er war aber nicht da. Er kannte angeblich den Täter. Aber er konnte ihn ohne Beweise nicht ergreifen. Die Madonna blieb erhalten.

Die Wasseradern

Zunächst betete Irlmaier mit seiner Bäuerin Maria zu deren hoher Patronin in der nahe bergauf gelegenen Wallfahrtskirche Maria Eck, wo die Familie schon oft gebetet hatte. Die Religiosität der bayerisch-bäuerlichen Bevölkerung war recht naiv, ein wenig auf Gegenseitigkeit bedacht, ein wenig sentimental, ein wenig gewohnheitsmäßig. Man betete vor jeder Mahlzeit im Herrgottswinkel unzählige Vaterunser und „Gegrüßet seist du, Maria", man wallfahrtete zur Himmelmutter. Man hielt viel von den Heiligen, auf deren vertraute Namen man getauft war. Ihre Sterbetage dienten als Kalendarium. Wie aus der Pistole geschossen entfuhr es der Gaßl-Tochter Maria nach vierundsechzig Jahren: „Brinnt hat's an Micheli!" Man tat von Ahn und Urahn, von Römer- und vielleicht schon Keltentagen her all das, was das Zweite Vatikanum als ungenügend einstufen sollte. Irlmaier stieg also mit seiner Bäuerin hinauf, keuchte ein wenig durch den steilen Wald, wo sich auf der höchsten felsigen Erhebung, am „Eck" (nach Schmeller der „hervorstehende Teil eines Bergrückens"), die marianische Gnadenstätte erhebt, mit dem frühbarocken, schwarzen, goldstrotzenden Hauptaltar, aus dem die goldglänzenden Buchstaben „Maria hilf" herausleuchten, mit den zwei wertvollen Rokoko-Seitenaltären, mit der Kanzel, den zahllosen Votivbildern und dem Hinweis, daß es sich hier um eine Gründung des Benediktinerklosters Seeon handle. Benediktiner siedeln hier nicht mehr. Ihre Niederlassung mit Marmorportal und Hauskapelle bewohnen und betreuen die franziskanischen Minoriten. Von ihrer Fensterfront hat man den höchsten und weitesten Rundblick über die Bergwelt der Alpen.

Hinter dem weiten Platz neben der Kirche – wieder echt bayerisch-bäuerlich – tauchen Walmdach und Mauerwerk des Klosterhofes auf. Man stärkt ja nicht allein die Seele. Wallfahren macht hungrig. Zuerst betet und bittet man – zuerst wohlgemerkt –; aber dann kehrt man ein, stillt den Hunger, löscht den Durst.

Die Wasseradern

In Oberscharam schritt man zügig zum Wiederaufbau. Die Familie kam im Zuhaus unter, wo die Großeltern im Austrag lebten. Der Lois ging auf „Brandbettel"; so nannte man die ländliche Vorform der Feuerversicherung. Diese Art von Feuerversicherung hatte einen Vorzug: sie kostete keinen Pfennig, bestand schlicht und einfach aus der nachbarschaftlichen Hilfe auf Gegenseitigkeit. Geriet ein Bauer in Not, kam ihm die ganze Pfarrei zu Hilfe. Er mußte nur herumgehen, eben „brandbetteln". Der eine Nachbar gab einen Baum, der nächste deren zwei. So kam der neue Dachstuhl schnell zusammen. Auch Natursteine wurden gestiftet. Bretter wurden aus den Bäumen in der Säge geschnitten. Auch beim Bau half die Nachbarschaft redlich mit, allen voran der unmittelbare Nachbar Gaßl. „Der Mensch braucht einen Ort und ein Wort, an dem er sich festhalten kann", so lautet ein alter Spruch. Jetzt galt er wie nie im Leben. Der Bauer blieb auf seiner Hofstelle, seine Mitbauern, seine „Nachbaurn", blieben ihm im Wort.
Die bitterste Erfahrung aus dem Brandunglück aber kam für Irlmaier erst jetzt. Und er konnte, so sehr er auch danach trachtete, seinem Schicksal nicht entrinnen. Ein Hof, zumal wenn man ihn schön und groß bauen will, ist nicht mit erbetteltem Baumaterial und nachbarschaftlicher Hilfe allein wiederherzustellen. Der Bau kostete Geld, auch damals schon. Viel Geld. Zuviel Geld. Die Zeiten waren schlecht. Irlmaier baute vom Spätherbst 1926 bis zum Sommer 1928 unter später kaum noch vorstellbaren, ungünstigsten wirtschaftlichen Bedingungen. Keine Bank wollte lang Gläubiger eines Landwirts sein. So galt es eines Tages von der Heimat Abschied nehmen – gerade dann, als der Hof wiederaufgebaut war, schöner als zuvor. Der Besitz wurde versteigert, besser wäre zu sagen zertrümmert, denn er kam nacheinander in viele Hände, und jeder Besitzer schmälerte den Umgriff um ein Stück, bevor er aufgab.

Die Wasseradern

Alois Irlmaier verließ seine Heimat am 26. November 1928 mit Kind und Kegel: Laut Anmeldung in der Einwohnerkartei des damaligen Marktes Freilassing wurde er hier ansässig. Die brandgeschwärzte Porzellanmadonna (das einzige Überbleibsel aus Irlmaiers Scharamer Besitz) wurde von der „Tant" Anna Hocker mit ins Altersheim nach Ruhpolding genommen und ist seit ihrem Tod verschollen.

Der Zeitgenosse, der sich heute auf die Forschungswanderung nach Scharam begibt, erlebt ein anderes Scharam als zur Zeit Irlmaiers. Dem Besucher fällt auf, daß protzige Pseudohöfe im rustikalen Älplerstil mit Kamin und Freisitz überwiegen und daß unter den Bewohnern wenig Bayern sind. Einst steckte der Landmann tief in der Not, auf der, nach Stelzhamers Vers, „die Welt draufsteht". Heute erlebt man einen Luxus, der nicht aus dem Boden, sondern von fern her kommt und die paradiesische Lage bezahlen kann. (Der Gaßl, der die Bezeichnung als heimatstolzer Bauer verdient – wie lange noch? –, zählt zu den Ausnahmen. Er sagt von sich selbstbewußt: „I bi da Gaßl!") Selbst wo es noch Ställe gibt bei den Häusern, stehen sie leer oder werden als Abstellraum genutzt. An den elektrischen Klingelknöpfen kann man sich die Finger wund drücken. Ein leeres Dorf, ein ausgestorbenes Dorf. Auch in den Protzhöfen ist tagsüber höchstens eine norddeutsche „Omi" anzutreffen. Man arbeitet hier nicht mehr, man schläft hier. Man genießt den zugegeben herrlichen Alpenblick, arbeitet aber in der Fabrik, im Büro. Der seiner Landwirtschaft beraubte Bruckthalerhof stellt sich schöner dar als je zuvor, ist jetzt ein Reiterhof, eine Pension für Reitferien. Man ackert nicht mehr, man reitet. Man erholt sich auch im Brandstätterhof, einem Genesungsheim des Regierungsbezirks Oberbayern. Die Heuernte früherer Zeiten ist heute zu hart. Man buckelt nicht mehr gern.

Der Brunnenbauer

Krank war die Heimat für Irlmaier schon damals, als er sie verlassen mußte. Mit seinen letzten Mitteln erwarb er die zum Verkauf angebotene, seit längerem leerstehende und vor sich hinbröckelnde Jugendstilvilla des Rittmeisters Kurr im Weiler Hagn, Gemarkung Salzburghofen hinter Freilassing. Nahe der gotischen Marienkirche, jenseits der schmiedeeisernen Grabkreuze ragen drei oder vier schwere Höfe auf, mauerstark mit kleinen Fenstern. Die Stuben dämmern hinter mächtigen Leibungen, weit stehen die Walmdächer vor. Die fürstbischöflichen Auftraggeber jenseits der Saalach hatten Höfe – „Salzburghöfe" – so bauen lassen in ihren Landen, bis Teisendorf, bis Tittmoning.

Ganz am Ende des Weges, wo sich die freie Auenlandschaft auftat, kamen die Leute von Scharam in der vernachlässigten Villa notdürftig unter. Zwei Stockwerke wurden an andere Parteien vermietet, Irlmaier bewohnte mit seinen Leuten in unbeschreiblich ärmlichen Verhältnissen Parterre und Keller. Der Vater soll oft gejammert haben: „Alois, das kannst du nicht verantworten!" Die eigentliche Verantwortung trug aber, das darf nicht vergessen werden, die Zeit, die Zeit eines noch nie dagewesenen Wirtschaftsverfalls. Die Inflations- und Schuldenjahre, die Not- und Krisenzeit und endlich der Börsenkrach der Wallstreet vom 13. Mai 1927 – einem Freitag – hatten Irlmaier um seinen Hof gebracht. Die Jahre nach dem zweiten „Schwarzen Freitag" vom 25. Oktober 1929, der die Weltwirtschaftskrise auslöste, bis zu Hitlers „Machtergreifung" waren von Arbeitslosigkeit und entmutigender Not geprägt. Die allzu bittere Armut der späten zwanziger Jahre kam von fern.

Großeltern, Eltern und Kinder, immerhin sieben Leute, waren zu versorgen. Bald, im Herbst 1930, wurde in die Not hinein ein weiteres Kind geboren, die Tochter

Der Brunnenbauer

Elisabeth, genannt Elsa. Im selben Jahr – am 14. Februar – segnete Irlmaiers alter kranker Vater das Zeitliche, seine Mutter wurde zwei Jahre später, am 14. Oktober 1932, in die Ewigkeit abberufen. Die Strapazen des Brandes, des Wiederaufbaus und Umzugs, die Elendsjahre im Keller hatten die Lebenskraft der alten Leute erschöpft.
Für den traurigen Hiob Irlmaier galt es zunächst, sich aus der schlimmsten Not herauszuarbeiten. Seine handwerkliche Geschicklichkeit kam ihm dabei zustatten. Daheim hatte er schon immer installiert. Sämtliche Installationen am neuen, unter den Hammer gekommenen Haus stammten von seiner Hand. Auf die Frage, welcher Art seine Installationen gewesen seien, hört man von Gewährsleuten: Immer nur Wasser! Anfangs hatte sich Irlmaier mit weit weniger Glück auch in der Elektrik versucht. Von der Standltochter, aufgewachsen am Hagnweg, wird Irlmaiers Kenntnissen in der Elektrotechnik ein schlechtes Zeugnis ausgestellt; fast scheint es, in seiner eigenen Person seien sich Feuer und Wasser feind gewesen. Die Elektrotechnik war auch noch nicht sehr verbreitet, warf allzu spärlichen Verdienst ab. Also Zoll und Halbzoll, verzinktes Gußeisen! Zur Wasserinstallation gehörte notwendig der Brunnenbau. Alles was damit zusammenhing, eignete sich Irlmaier im Selbststudium an. Wassersuche, Brunnenbau und Installation, damit hielt er sich – im doppelten Wortsinn – „über Wasser", fuhr landauf, landab mit seinem Radl, vor allem ins nahe gelegene Salzkammergut, brachte gleichwohl herzlich wenig zusammen für die Familie. Er konnte das Villengebäude, zumal die Mieteinnahmen ausblieben, nicht mehr halten. (Die Kurr-Villa spätere Lecker-Villa, heute Hagnweg 27 – wechselte von da an in kurzen Abständen mehrmals den Besitzer.) Im Schicksalsjahr 1933, vielleicht auch erst im Frühjahr 1934, zog Irlmaier in eine Mietwohnung an der Reichenhaller Straße. Das Haus, in zwei rechteckig aufeinander zuweisenden Riegeln erbaut, stand hart ober-

Der Brunnenbauer

halb der Saalach-Auen. Das Erdgeschoß war von einem Metzger bewohnt, der hier auch sein Ladengeschäft betrieb. Im ersten Stock hatte Irlmaier drei Zimmer inne.

Der Standl Simon, ein Bruder des alten, mit Irlmaier befreundeten Standl-Bauern vom Hagnweg 5, einst Bahnbeamter, seit 1945 Kriegsinvalide, erinnerte sich genau bis zu seinem Tod am 2. Januar 1990: „Der Irlmaier is a Bauer gwen, koa glernter Schlosser und koa Brunnenmacher net, er hat si dees alles selber angeeignet. Und er hat was kinna!" Der Brunnenbauer Irlmaier arbeitete in Bischofswiesen, aber auch in den „Stammlanden" des heiligen Rupertus, in Liefering und Rott.

„Irlmaiers außergewöhnliche Begabung ist vielfach bezeugt", schreibt Siegfried Hagl in seinem Buch „Die Apokalypse als Hoffnung" und fahrt fort: „So war er der vermutlich einzige Brunnenbauer, der garantierte, daß seine Brunnen fündig wurden (man vergleiche den späteren Bericht von Peter Utz): Er spürte Wasser allein mit seinen Händen, ohne weiterer Hilfsmittel zu bedürfen, und verwendete zur Wassersuche allenfalls eine primitive Drahtschlinge, um die Neugier der Zuschauer zu befriedigen, die sich einen Wassersucher nicht ohne Wünschelrute vorstellen konnten." Beruhigt setzte er unten auf seine Geschäftskarte, die „Installation und Brunnenbau" ankündigte: „Quellennachweis unter voller Garantie".

Und wieder Simon Standl: „Nacha hat er Brunna baut, sejchane Brunna, wias net a jeder ferti bracht hätt! Tiafe Brunna hat er baut!"

Anfangs mauerte Irlmaier seine Brunnenschächte mit gebrannten Ziegeln aus, später schob er selbstgegossene Betonrohre (Betonreifen, genannt „Reaf") mit Nut und Federn ineinander. „Installationen, Brunnenbau und Betonwarenerzeugung" versprach sein Firmenstempel. Es waren aber nicht einmal Betonsäulen, bloß „Reaf", die er goß, und sogar diese nur zur eigenen Verwendung. Einer seiner tiefsten Brunnen – in Obing, beim Bauern am Berg,

Der Brunnenbauer

erreichte achtzig Meter bis zur Sohle. Davon muß man sich einen Begriff machen! Und immer stand er selbst ganz unten. Man blicke einmal aus einem zehn Meter tiefen Brunnen zur Öffnung empor, in der ganz fern der Tag hereinblinkt; man kann sich dann vorstellen, was achtzig Meter Tiefe sind! Später verwendete Irlmaier Eisenrohre, die im Laufe des Fortschritts beim Graben immer weiter nachgeschoben wurden.

Sein tiefster Brunnen entstand am Wank im Werdenfelser Land. Dieses damals viel Aufsehen erregende Brunnenbauwerk, das in einundachtzig Meter Tiefe auf eine von einem unterirdischen See gespeiste ergiebige Quelle stieß, gehörte zu den tiefsten im ganzen deutschen Sprachraum. Irlmaier arbeitete für Bauern und große Herren, für Alm- und Berghofbesitzer, für städtische und staatliche Auftraggeber, für Bauherren von Traunstein bis Würzburg.

Wo immer in Bayern das lebenspendende Naß versiegt war oder erst erschlossen werden mußte, wendete man sich an ihn. Er „roch" förmlich die unterirdischen Wasseradern, mochten sie noch so tief im Boden verborgen sein. Dabei setzte er sich oft über alle geologischen Gutachten und die Ergebnisse seit Jahrzehnten laufender kostspieliger Bohrversuche hinweg. Auf diese Weise hatte er den entscheidenden Anteil an der Entdeckung des Mineralsprudels von Bad Schachen. Innerhalb von 25 Jahren (diese Zählung stammt aus dem Jahr 1953) erbaute Irlmaier nicht weniger als 750 Brunnenanlagen. Dabei setzte er oft sein Leben aufs Spiel, wenn lockeres Erdreich oder Geröll bei den Grabungen plötzlich nachgab. Die Gefahr, ein zweites Mal verschüttet zu werden, war für ihn zu etwas Alltäglichem geworden.

Über das Brunnenbauen konnte Irlmaier viel erzählen – und er erzählte gern: von lustigen Zufällen und kuriosen Begebenheiten, von versprengten Quellen, von buchstäblich abgegrabenen unterirdischen Wasserläufen, von geheimnisvollen Kräften in Berg und Tiefe. „Wind, Feuer und Wasser sind da drunten", sagte er einmal und erzählte von „bellenden Brunnen". Jawohl, er sprach von Brunnen, die gelegentlich zu „bellen" anfangen. Das will besagen, daß starke Luftströmungen aus der Erde kommen und das aus dem Brunnen fließende Wasser gleichsam „bellend" machen. In Asten bei Tittmoning erbaute Irlmaier einen solchen Brunnen, mehrere davon auch am Chiemsee. Wie das Bellen der Hunde, so hat auch das Bellen der Brunnen seine Bedeutung: Man kann daraus eine längerfristige Wettervorhersage entnehmen.

Irlmaiers Fahrrad, auf dem er weite Strecken zurücklegte, war eine Spezialkonstruktion: Über dem kleineren Vorderrad war ein Gepäckträger aufgebaut, in den eine selbstgeschreinerte große Kiste für das Werkzeug eingepaßt war. Wegen seiner außerordentlichen Wasserfühligkeit war es ihm unmöglich, ein Auto zu lenken. Allzuoft „verriß" es ihm das Steuer. Sogar Radfahren war nicht ungefährlich. Geriet er in ein Wassergeäder, hielten ihn die Strahlen fest wie ein Stromkreislauf; er mußte herausgezogen werden. Man kann sich dieses Phänomen kaum vorstellen, es ist aber dutzendfach bezeugt. Später, als er sich einen blauen „Wanderer", einen Holzgas-Kraftwagen, leisten konnte, mußte ihn sein Mitarbeiter Ferdinand Felber fahren. Die ganz zuletzt angeschaffte schwere Zugmaschine wurde ebenfalls von Felber gesteuert oder vom Sohn Alois. Ein überzeugendes Beispiel von Irlmaiers Wasserfühligkeit gab Jahre später der Traunsteiner Druckereibesitzer Dr. Conrad Adlmaier:

„Zu einem Brunnen braucht man eine Quelle – Wasser. In den Zeiten der Wassernot ist die Auffindung des kostbaren Nasses oft sehr schwer. Für den Freilassinger Brunnenbauer ist dies keine schwierige Frage: Der ‚Loisl' ist ein erstklassiger Rutengänger. Wer es noch nicht gesehen und miterlebt hat, glaubt nicht daran. Um der Sache auf den Grund zu gehen, haben wir Irlmaier einmal gebeten, ein Experiment zu machen. Er kam denn auch und bat um ein Stück Kreide und einen kräftigen Draht. Dann bog er dieses Drahtstück zu einer Schlaufe zusammen und schritt den Raum ab, in dem wir standen. Nach zwei Schritten schlug die Wünschelrute mit einem heftigen Ruck nach unten aus, um nach einem weiteren Schritt ebenso plötzlich wieder in die ursprüngliche Lage zurückzuschnellen. Nun ist es keine Kunst, einem Stück Draht mit den Fingern die nötige Drehung zu geben, so daß die Rute ‚ausschlägt'. Um aber jeder Täuschung die Spitze abzubrechen, legte Irlmaier die zwei Drahtenden auf die geöffneten Handteller und bat eine der anwesenden Personen, mit dem Daumen der rechten und linken Hand nun die zwei Enden fest niederzuhalten. Dann ging der Rutengänger mit flachen Händen wieder über die Grenze der Wasserader, und siehe da, die Rute schlug ebenso kräftig wie zuvor nach unten.

Dann zeigte er mit ausgestreckter Hand über den gefundenen Wasserlauf. Die Hand lief sofort an, die Adern traten in dicken Strängen hervor. Als er die Hand zurückzog, wurde sie in kurzer Zeit wieder normal. Dieses Experiment beweist, daß von einem unterirdischen Wasserlauf Kräfte ausgehen, deren Wirkung zwar noch nicht genau erforscht ist, die aber seit langer Zeit von der Volksmeinung als schädlich für die Gesundheit eines Menschen bezeichnet werden, der Nacht für Nacht über einem solchen unterirdischen Wasserlauf schläft oder Tag für Tag darüber sitzen muß. Unseren Altvordern jedenfalls war das bekannt, sie achteten bei einem Hausbau vielfach darauf. Es war der Skepsis der Neuzeit vorbehalten, sich mit einem verächtlichen Lächeln darüber hinwegzusetzen. Man erfand auch alle möglichen ‚Abschirmvorrichtungen', die nach der Meinung Irlmaiers zwecklos sind und nur hohe Kosten verursachen."

Einmal erwähnte Irlmaier das Angebot einer bedeutenden Firma, die unter seinem Namen einen derartigen

Abschirmapparat auf den Markt bringen und ihm vertraglich den Löwenanteil am Gewinn zusichern wollte. Er habe dieses Angebot aber rundweg abgelehnt.

Wie schon berichtet, spürte Irlmaier Wasseradern auch, wenn er mit jemandem im Auto fuhr. Conrad Adlmaiers Sohn Siegfried, ein Traunsteiner Rechtsanwalt, begegnete Irlmaier mehrmals. Über eine gemeinsame Autofahrt von Passau zurück nach Freilassing erzählt er in einem vom Bayerischen Rundfunk aufgenommenen Gespräch:

„Weil ich mich recht interessiert hab dafür, hat er gesagt: wenn er über eine Quelle geht, dann reißt's ‚eahm d' Hand abhi‘, auch wenn er net an Haselzweig oder so was mit einer Gabel in der Hand hat. Des hab ich selber miterlebt. Wie wir da von Passau heimgfahrn san, hat er auf einmal gsagt: ‚Jetz samma über a Quelln gfahrn, jetz hat's ma d' Hand abhigrissn‘. Ich hab zwar, weil ich vorn gsessn bin, net gsehng, daß's eahm d' Hand runtergrissn hat, aber des hat er so spontan gsagt, daß ich keinen Zweifel hab, daß es stimmt."

In der Reichenhaller Straße stellte sich im Kriegsjahr 1940 – 5. November – als Nachzüglerin die Tochter Rita ein (die dann wie ihre ältere Schwester Elsa in Freilassing ansässig blieb). Um diese Zeit hatte die 1922 geborene Tochter Maria ihr „Pflichtjahr" in Triebenbach bei Laufen schon hinter sich und arbeitete nun im Eisenwerk von Hammerau, unweit hinter Freilassing, an der Straße nach Reichenhall. Dorthin war sie „kriegsdienstverpflichtet", schmiedete Hufeisen. Mit ihrem schmalen Verdienst unterstützte sie den Vater, finanzierte den Kauf dringend benötigter Werkzeuge, sorgte dafür, daß die Ausstattung des väterlichen Betriebs auf dem neuesten Stand blieb. Irlmaier wurde durch seine im Ersten Weltkrieg erlittenen ernsten Verwundungen vor dem Gestellungsbefehl bewahrt. Sein Sohn dagegen diente vom Jahr 1942 bis zum Kriegsende bei der Infanterie, wurde – wieder in

Rußland – schwer verwundet. Sein Vater hatte ihn zur Fortführung des Geschäfts nicht weniger als drei Berufe erlernen lassen: Schlosser, Dreher und Gießer. Alle drei Ausbildungen schloß er in Salzburg mit Auszeichnung ab und arbeitete nach seiner Rückkehr aus der Gefangenschaft im väterlichen Betrieb.

Zu Irlmaiers außerordentlicher, weit überdurchschnittlichen Wasserfühligkeit kam noch eine zweite, erstaunliche Fähigkeit: das Hellsehen. Siegfried Adlmaier, der Rechtsanwalt, erzählt, er sei damals, als er mit seinem Vater und Irlmaier nach Passau fuhr, bei einer alten Bekannten, der „Lang-Mutter", über Nacht geblieben. Sein Vater aber sei mit Irlmaier weiter zum Kloster Windberg gefahren. Im dortigen Prämonstratenser-Konvent lebte ein mit mehreren einschlägigen Veröffentlichungen bekannt gewordener Parapsychologe, Pater Dr. Norbert Backmund. Das Treffen fand 1953 statt (davon erzählte Backmund einige Jahre später dem Verfasser, als er ihm in Ravenna und Rom begegnete).

Backmund erfuhr bei dieser Gelegenheit sowohl von Adlmaier als auch von Irlmaier im persönlichen Gespräch manche Aussagen, die über Adlmaiers Veröffentlichungen zum Thema Irlmaier hinausgehen. In seinem Buch „Hellseher schauen die Zukunft" schreibt Norbert Backmund über Irlmaiers Gabe der Präkognition: „Irlmaier wurde im Ersten Weltkrieg verschüttet und erlitt einen schweren Nervenschock. Sollte dies Ereignis jene Gabe ausgelöst haben?" Sodann zieht er zum Vergleich den holländischen (in Dordrecht geborenen, später in Kalifornien lebenden) Hellseher Peter Hurkos heran, bei dem die Gabe des Hellsehens durch einen Sturz vom Gerüst ausgelöst worden war.

Bei Irlmaier bezweifelt Backmund jenen im Jahr 1918 anzusetzenden Auslösungsfaktor: „Es ist kaum anzunehmen, denn erst ein Jahrzehnt später, im Jahr 1928, begann er (Irlmaier) außergewöhnliche Dinge zu sehen." Es war die Zeit des Brandes, des Wiederaufbaus, der größten

Der Brunnenbauer

wirtschaftlichen Not, der Versteigerung und der Versuche, sich von Salzburghofen aus als Installateur fortzubringen. In der Tat mutet es eigenartig an, daß die hellseherische Gabe bei Irlmaier erst im Zusammenhang mit diesem Brand und den sich daraus ergebenden Beanspruchungen aufbricht. Gleichwohl bekennt sich Adlmaier zu seiner Theorie, daß es auch durch diesen Schock zu „jener Bereitschaft des Geistigen, das reguläre Gleichgewicht zu verschieben" gekommen sein könnte, daß dieser Schock den „Anstoß zum Hellsehen gegeben haben könnte, bei dem die Zeitunterschiede aufgehoben zu sein scheinen". Vielleicht aber, so kann man auch vermuten, war diese Gabe oder Anlage, von deren Existenz die Wissenschaft inzwischen überzeugt ist, latent längst vorhanden. An der Grenze zwischen „normaler" Wasserfühligkeit und Präkognition liegt jener bereits erwähnte und verbürgte Vorfall, der sich vor Irlmaiers eigentlicher „Karriere" ereignete: Die Oberin eines Klosters in Argentinien war zu Besuch bei ihren (von Backmund, dem Gewährsmann, leider nicht näher bezeichneten) bayerischen Mitschwestern. Sie hatte schwere Sorgen, denn trotz vieler Versuche fand sich in der Umgebung ihres Klosters kein Wasser. Man rief Irlmaier herbei und legte ihm einen genauen Situationsplan des argentinischen Klosters vor. Irlmaier tastete die Karte ab und bezeichnete sofort eine Stelle am Hang, in nächster Nähe der Niederlassung. Nachdem die Oberin heimgekehrt war, traf bald ein Brief mit der Bestätigung ein, daß die Grabung an der von Irlmaier bezeichneten Stelle zu einer ergiebigen Wasserader geführt habe.

Der Verfasser erinnert sich, daß er diese Gabe der Wasser-Fern-Ortung an einem oberhalb von Wesenufer im Sauwald einsam lebenden Bauern erproben konnte: Er legte dem Bauern einen möglichst genau gezeichneten Grundriß des eigenen Hauses mit Einteilung und Bestimmung sämtlicher Parterre-Räume vor. Dieser konzentrierte sich, zog sich für eine Weile betend an einen Nebentisch zurück, trat schließlich heran und gab mit sicheren Bleistiftstrichen die drei Zimmer an, unter denen, wie dem Verfasser bereits bekannt war, eine Wasserader lief. Ein für ihn rätselhafter Vorgang.

Irlmaier fühlte das Wasser in den Händen, es wurde in seinen Handflächen und Fingern, wie er sich ausdrückte, „wurlert", seine Adern schwollen dick an. Doch die Gabe entwickelte sich weiter. Allmählich und immer deutlicher bemerkte er, daß die Blutadern seiner Hände auch über kranken Körperstellen dick und kräftig anliefen. Er konnte, wenn er seine Hände in gewissem Abstand am Körper eines Menschen entlangführte, zwar keine Krankheitsursachen diagnostizieren, aber einwandfrei den Krankheitsherd ausmachen.

Der Brunnenbauer

Im Alter von 34 Jahren hatte er seine erste unerklärliche Erscheinung. Das geschah unmittelbar nach seinem Einzug in Salzburghofen, in den letzten Wochen des Jahres 1928. Dieses erste Erlebnis schreckte und beschäftigte ihn lange, bevor er einmal mit einem Bekannten darüber sprach. Es war ein Erlebnis mit starkem religiösen Gehalt, wie fortan bei all seinen Gesichten:

Im Winter 1928 arbeitete Irlmaier als Installateur bei einem österreichischen Bauern im Salzkammergut. Eines Tages, als er zum Brotzeitmachen kam, sah er in der Stube ein sehr schönes Marienbild hängen. Auf einmal schien es ihm, als ob die Gottesmutter aus dem Bild heraustrete und ihn gütig anschaue. Als er sich benommen über die Augen strich, war alles wieder wie zuvor.

Irlmaiers Bericht über diesen Vorfall wird von den damaligen Rechercheuren der *Mittelbayerischen Zeitung*, des *Donaukuriers*, der *Bayerischen Landeszeitung* und der *Neuen Zeitung* in leicht voneinander abweichenden Fassungen überliefert. Einmal heißt es, er sei im Jahre 1928 im Salzburgischen als Brunnenmacher tätig gewesen und in die Wohnung seines Auftraggebers gekommen. Er war allein in der Stube und betrachtete ein altes Muttergottesbild, das von zwölf Heiligen umringt war. Plötzlich geschah es: Er sah auf einmal die gemalte Madonna lächeln, die Heiligen sich bewegen, und war darüber zu Tode erschrocken. Er befürchtete, krank geworden zu sein, und sprach lange nicht von seinem Erlebnis. Aber von dieser Stunde an verfolgten ihn die Bilder-Visionen. Er sah die übersinnlichen Bilder auf Wolken, an Haus- und Zimmerwänden und schließlich auch in der freien Luft, vor die sich im Augenblick der Erscheinungen eine Rauchwand schob. Von Jahr zu Jahr wurden diese Visionen deutlicher und häufiger.

Eine andere Fassung lautet: Im Jahr 1928 baute Irlmaier bei einem Bauern in Kuchl, im Österreichischen, einen Brunnen. Zur Brotzeit kam er in die Stube und sah im Herrgottswinkel ein Madonnenbild, das von zwölf Heiligen umgeben war. Dieses Bild zog ihn sofort in seinen Bann. Plötzlich trat die Madonna aus dem Rahmen heraus, dicht vor ihn hin, in Lebensgröße, schaute ihn einen Augenblick an, lächelte leicht und ging dann in ihr Bild zurück. „I bin dagstandn wiar a Holzklotz", erinnerte sich Irlmaier, „aber seit derer Zeit siahg i bald dees, bald dees. Bald san's verstorbene Leit in so schleirige Gewänder, bald is' der Herrgott am Kreuz und lauter so heilige Sachen, ohne daß i dees wolln hab."

Von dieser Madonna vermutete die älteste Tochter Maria später, es habe sich dabei nicht um ein Bild, sondern um eine Statue gehandelt, zu deren Verehrung ihr Vater gegen sein Lebensende eine Kapelle bauen wollte. Ob da aber nicht eine Verwechslung mit jener anderen Madonna vorlag, die brandgeschwärzt aus den Trümmern des Bruckthalerhofs geborgen worden war? Es ist anzunehmen. In einer dritten Fassung heißt es nämlich, er verwahre ein Muttergottesbild, das er sich habe schenken lassen, weil es, als er es betrachtete, aus dem Rahmen herausgetreten sei, während die zwölf Apostel, die das Bild umgaben, die Köpfe hin- und herbewegt hätten. Dieses Muttergottesbild habe er sich erbeten, um eine Marienkapelle „drum herum" zu bauen. – Überzeugend ist an dieser Version, daß die zwölf Heiligen jetzt näher als die zwölf Apostel spezifiziert werden, mit denen die Volksmeinung gern die apokalyptischen zwölf Sterne um das Haupt der Gottesmutter verwechselt. Gewöhnlich wird Maria allerdings wie auf dem Seinsheimischen Hochaltarblatt in Grünbach gemeinsam mit den vierzehn Nothelfern dargestellt.

Conrad Adlmaier fragte sich nach Irlmaiers Tod, ob der Seher seine Gabe von Gott verliehen bekommen habe. Die Jungfrau Maria als Schlüssel – damit steht er in einer Reihe mit anderen religiös motivierten Visionären.

Seit dieser Erscheinung hatte Irlmaier viele Visionen,

die ähnlich wie ein Film in allen Einzelheiten vor seinen Augen abliefen. Er sah ‚Manndln und Landschaften, Tote als graue Schemen und Lebendige' und hatte keine Erklärung dafür. Ruckartig erschienen die Bilder und waren schnell wieder verschwunden. Verstorbene sah er als ‚Schleiergestalten'. So pflegte er zu sagen, wenn ihm deren Fotografien gezeigt wurden: „Tote als Schemen". In der Tat erblickte er Verstorbene wie hinter einem Schleier. Wenn ihm das Bild eines Gefallenen gezeigt wurde, sah er die Gestalt in dieser schleierartigen Verkleidung daherschweben und wußte nun, daß er nicht mehr am Leben war. Lebende konnte er deutlicher erkennen.

Er sah die Bilder plastisch wie im Kino. Landschaften traten bis in Einzelheiten mit den typischen Merkmalen einer Jahreszeit hervor. Er sah blühende Bäume und Schnee auf den Bergen. Es gab ihm, wie er sagte, einen „Riß": dann sah er Personen, Landschaften, Striche und Zahlen. Diese waren oft verschlüsselt oder unvollständig und konnten mißdeutet werden. Irlmaier wußte dafür meistens keine Erklärung; seine Deutungsversuche gingen oft genug daneben. Geradezu skeptisch drückt sich einmal der Fachmann Backmund aus: „Natürlich kam es auch vor, daß Irlmaier als Hellseher versagte. Mitunter wandte man sich an ihn, und er sah gar nichts. Es gab ihm dann eben keinen Riß, die Umstellung gelang nicht. Das sagt aber gar nichts gegen die viel zahlreicheren Erfolgsfälle. Alois war im Deuten vorsichtig, und bei vielen Einzelheiten seiner Gesichte ließ er die Deutungsmöglichkeit offen." Das geschah besonders, wenn es galt, Todesfälle vor Angehörigen aus Barmherzigkeit zu verheimlichen.

Irlmaier mußte sich beim Schauen, das ihn sehr anstrengte, stark konzentrieren. „Nicht immer sah er" – nach Backmund – „gleich gut und klar. Nach längerer Beanspruchung machten sich Ermüdungserscheinungen bemerkbar". Gleichwohl überwogen die „Erfolgsfälle"; bewahrheiteten sich seine Voraussagen, wurde seine

Der Brunnenbauer

Schau immer treffsicherer, so daß schließlich der bereits erwähnte Traunsteiner Druckereibesitzer und Redakteur Conrad Adlmaier auf den Freilassinger Brunnenbauer aufmerksam wurde. Ihm war es, gleich vielen anderen, rätselhaft, wie dieser einfache Mann so weit in die Vergangenheit und in die Zukunft schauen konnte.

Wieder sei Conrad Adlmaier wörtlich zitiert. Er hat den Seher von Freilassing achtzehn Jahre hindurch peinlich genau überwacht. Er war wohl als einziger in der Lage, einen authentischen Bericht zu geben:

„Zuerst fand ich ihn 1943 in einer kleinen Bretterhütte, vor der Dutzende von Leuten geduldig warteten, bis sie darankamen. Es waren fast immer Frauen und ältere Männer, Angehörige von Vermißten. Der Krieg, die Bombennächte, die Sorgen hatten die Gesichter gezeichnet, Not und Angst tiefe Furchen gezogen. Irlmaier tat, was er konnte, um die Betrübten aufzurichten, ja, er freute sich sichtlich, wenn er sagen konnte: ‚Dein Mann, dein Bub kommt wieder heim, ich sehe ihn, er ist verwundet, geht aber schon wieder am Stock.‘ Sichtlich bewegt mußte er aber oft ‚drum herum reden‘, weil die Wahrheit einen Schock ausgelöst hätte.

Wenn die Schleier vor der Zukunft fallen, dann ist auch die Gegenwart und der räumlich getrennte Gegenstand dem Seherauge nicht verschlossen. Dies beweist Irlmaier oft genug, wenn einer stirbt, den er kennt. ‚Ja was mögst denn du, di hat's aber schnell dawischt‘, sagte er einmal. Als ihn die Dabeistehenden fragten, wen er mit seiner Ansprache meine, sagte Irlmaier: ‚O mei, der Xbauer ist auf amal gestorben, und jetzt hob ich ihn gsehn. Wia a Schleiergestalt is er daherkemma. Mei, der hot gschaut, wia er so schnell in d' Ewigkeit kemma is. Ja, da geh nur wieder, i helf dir schon in der Ewigkeit und sog's deine Leut.‘ Wenn ihm das Bild eines Gefallenen vorgelegt wird, sieht er ebenfalls den Toten in dieser schleierartigen Gestalt daherschweben und weiß nun bestimmt, daß der Betreffende nicht mehr unter den Lebenden ist. Daraus macht Irlmaier dann auch kein Hehl, obwohl er ein mitleidiges Herz hat und vor allem helfen will. Sonst würde er gewiß den Tausenden, die schon zu ihm gekommen sind, nicht Zeit und Arbeitsgelegenheit opfern. Es kommt ihn vielleicht hart genug an, wenn er Dinge sagen muß, die nicht gerade eine rosige Zukunft bedeuten. So ergreift er, wenn's gar nicht anders geht, die Flucht und ist dann tagelang unsichtbar. Wer kann's ihm verdenken?"

Alois Irlmaier hat unzählige Voraussagen im engsten privaten Bereich gemacht, die alle nachprüfbar sind. Zu siebzig bis achtzig Prozent sind sie als richtig bestätigt worden. Das ist Backmunds Meinung. In einem Gespräch mit dem Verfasser fuhr er fort:

„Seine Aussagen waren im allgemeinen zeitnah und ortsnah; ich meine, er konnte sagen: ‚Dei Vater stirbt jetzt bald', ‚bei euch brennt's heut', ‚dein Bruder, der lebt fei no in Rußland', ‚des Kaiwe, wos euch gstohln ham, des steht beim Nachbarn im Schupfa drin'. Und wenn man das nachprüfte, dann hat's auch gestimmt."

Bei der Polizei in Freilassing kann man erfahren, daß Alois Irlmaier ihr große Dienste erwiesen hat. Gerade dort war man am Anfang skeptisch. Das läßt sich denken. Conrad Adlmaier gesteht:

„So manches Mal hatte auch der Schreiber dieser Zeilen eine absolute Ungläubigkeit an diese Dinge zu überwinden, bis er gründlich bekehrt wurde. In aller Entschiedenheit sei erklärt: ‚Was ich mit eigenen Augen gesehen und mit eigenen Ohren gehört habe, dafür kann ich jederzeit einstehen."

Einige der markantesten Fälle seien aufgeführt. Norbert Backmund räumt ein, daß er das meiste, was er über Irlmaier schreibt, dem Traunsteiner Druckereibesitzer und Redakteur Dr. Conrad Adlmaier verdanke, daß er aber seinen Veröffentlichungen auch manche mündliche

Mitteilung Adlmaiers zugrundelege. Der Verfasser war leider nicht in der glücklichen Lage, mit Conrad Adlmaier zu sprechen, da Irlmaiers Freund und Gönner schon lange nicht mehr lebt. Dankbar bestätigt er aber, daß viele der nachfolgend erzählten Fälle aus Irlmaiers Alltag zum ersten Mal von Conrad Adlmaier bekanntgegeben worden sind.

Es kamen als Quelle auch die Gespräche mit Conrad Adlmaiers Sohn, dem schon erwähnten Rechtsanwalt Siegfried Adlmaier, hinzu, Mitteilungen der zum Zeitpunkt der Entstehung dieser Arbeit noch lebenden drei Irlmaier-Töchter und anderer Gewährsleute, darüber hinaus ständig eingehende Briefe, die den eigentlichen Anstoß zu dieser Arbeit gegeben haben.

Der Nothelfer

Nun also wohnt Irlmaier in der Reichenhaller Straße auf Nummer 41 zur Miete im ersten Stock. Und ab 1933 rechnet man die Hitlerzeit. Wenig war daheim von Politik die Rede, erinnern sich die Töchter. Nachgeborene können sich in der Regel nicht vorstellen, daß damals ein einziges offenes Wort schon lebensgefährlich war. Ein Vater, der vor seinen Kindern über Hitler schimpfte, mußte gewärtigen, daß diese – ganz unbefangen – in der Schulpause davon plauderten. Der Sohn vom Ortsgruppenleiter ging in dieselbe Klasse. Wenige Tage darauf – das konnte passieren – erschienen zwei oder drei Männer in schwarzen Ledermänteln und holten den Vater ab ...

Von Hitler also wurde wenig gesprochen in den Jahren der Diktatur, aber die Kinder kannten ohnehin des Vaters Meinung über die Zeit des unaufhörlichen Optimismus. Und im Herrgottswinkel wurde gebetet wie früher in der Bauernstube von Oberscharam. Backmund schreibt:

„Er war ein schlichter, unkomplizierter Mensch, nicht gerade ein Heiliger, aber von aufrecht christlicher Gesinnung, gutmütig und stets hilfsbereit."

Die ärmliche Bretterhütte, von der Conrad Adlmaier schreibt, stand nicht in der Reichenhaller Straße, sondern in der Waldstraße. Richtiger: Diese „Straße" war nur der notdürftig aufgefüllte Weg durch ein vernachlässigtes Wäldchen südlich der Bahnlinie, wo damals noch kaum ein Haus stand. Hier hatte Irlmaier ein wohlfeiles Grundstück erworben, um Platz für Werkstatt, Lager und Garage zu gewinnen – und für einen Bretterschuppen, der, während langsam, unsäglich langsam die Mauern eines Hauses in die Höhe wuchsen, als Bauhütte diente.

In dieser Hütte suchten Menschen aller Stände in der Kriegs- und Nachkriegszeit Rat, wollten vom Schicksal vermißter oder in Gefangenschaft geratener Angehöriger wissen. Irlmaier gab Auskunft nach bestem Wissen – auch wenn der Menschenandrang für ihn oft zur Qual wurde. Die weitaus überwiegende Zahl seiner Aussagen traf den Kern der Sache, bewahrheitete sich verblüffend genau. Der schlichte Brunnengräber von Freilassing war nicht nur im Rupertiwinkel, im Salzkammergut und im Chiemgau bekannt, sein Ruf verbreitete sich im ganzen deutschen Sprachraum, in die Schweiz hinein, und, als der Krieg zu Ende ging, ins überseeische Amerika.

Der erwähnte Simon Standl erinnert sich genau:

„Den Tog, wo i dort gwen bi, haan a Haufa Herrn dort gwen, zählt han is' neda. Dee san all Sunnda kemma. Wia's unta da Wocha war, woaß i net, göi, aba am Sunnda haan de Leit vo irgendwoher kemma, weitmaachti hergfahrn! Späta ha'i's oft ghört: Da und da hat de und de Person dees verzählt! Er hot was kinna!"

Irlmaier stand seinen Mitmenschen mit oft rührender Hilfsbereitschaft gegenüber. Gelegentlich wußte er über die Schwierigkeiten der Ratsuchenden schon Bescheid, bevor sie überhaupt ihr Anliegen vorgetragen hatten. Die Umschaltung vollzog sich bei ihm ruckartig; dann sah er vor seinem geistigen Auge in rascher Folge ein Geschehen ablaufen wie einen Farbtonfilm. Seine Aufgabe bestand nur darin, das eben Geschaute in Worte zu fassen.

Nur wenige seiner privaten und persönlichen Vorhersagen blieben zweifelhaft. Vor allem während des Zweiten Weltkriegs und in den Nachkriegsjahren baten Angehörige von Kriegsteilnehmern um Auskunft über deren Schicksale. Der Brunnenbauer nannte unermüdlich den Aufenthaltsort von Vermißten, kannte in einigen Fällen sogar den Tag ihrer Heimkehr, wußte Einzelheiten über Gefangene und sagte, wie es ihnen in der Gefangenschaft ergehe. Nach deren Rückkehr bestätigte sich fast immer, wie richtig Irlmaier auch die geringsten Details gesehen hatte. Als einfacher Mensch war er mit allen Fragern, ohne Rücksicht auf Rang und Namen, per du. Seine Aussagen waren zeitnah, zumindest ortsbezogen. Freimütig

Der Nothelfer

sagte er oft: „Feit si nix, enker Bua is wohlauf und kimmt hoam!" Noch öfter vermied er, die Frager anzusehen und gebrauchte Ausflüchte, weil die betrübliche Wahrheit einen Schock ausgelöst hätte. Zu mancher Mutter mußte er sagen: „Frau, alles woaß i aa net. Toats hoit betn, na werd's scho recht wern." Dann ahnten sie, daß sie das Schlimmste zu befürchten hatten.

Conrad Adlmaier denkt zurück:

„Wenn eine verzweifelte Mutter, ein schmerzerfüllter Vater die bange Frage an ihn richtete: ‚Lebt er noch?', kam es den Hellseher oft sehr hart an, wenn die bekannte schemenhafte Gestalt vor seinem Auge auftauchte, oft verstümmelt und blutbefleckt. Dann wich Irlmaier aus, redete um die Sache herum, ließ die Leute lieber im ungewissen." Einmal klagte er: „Wia oft derbarma mir die Menschen, wenn i siehg, wia s' leidn müassn. Und ko's do net ändern."

Hier findet Conrad Adlmaier zu einer Erkenntnis, die Irlmaiers Geschäft bei all seiner Hilfsbereitschaft im Grunde zweifelhaft erscheinen läßt, ein Gedanke, der den Freilassinger Seher gewiß in schlaflosen Nächten – er aß schlecht und schlief schlecht – umtrieb: „Darum hat Gott die Zukunft vor unseren Augen verschlossen."

Wenn seine Gesichte auch nur einen blitzartigen Augenblick dauerten, strengten sie ihn dennoch an. Oft standen Hunderte vor Irlmaiers Bretterhütte, da mußte er plötzlich entkräftet aufhören.

Conrad Adlmaier erinnerte sich:

„Es hat Tage gegeben, an denen der Hellseher buchstäblich von der Frühe um sechs Uhr bis in die Nacht um ein Uhr ununterbrochen mit Fragen bestürmt wurde. Wenn man bedenkt, was es allein körperlich für eine Anspannung bedeutet, in dem sehr kleinen Raum, in dem Irlmaier seine Gäste zu empfangen pflegte, zwanzig und noch mehr Stunden auszuhalten, pausenlos die verhärmten, ängstlichen, teilweise verzweifelten Menschen auch nur anzuhören, dann kann man sich denken, daß der

Mann ermüdete. Außerdem bedeutete jede Bemühung, etwas zu ‚sehen‘, eine geistige Konzentration, eine Willensenergie, die mit der Zeit immer schwieriger aufzubringen war. Irlmaier war aber ein durchaus gutmütiger und gefälliger Mensch. Er versuchte zu helfen, wo er helfen konnte.

Es soll hier nicht verschwiegen werden, daß einzelne Frager entgegen seiner Voraussage enttäuscht wurden. Der Vermißte kehrte nie mehr heim. Wer aber gesehen hat, wieviel Hunderte von Leuten die kleine Hütte des Brunnenmachers umstanden, um bis in die tiefe Nacht hinein Auskunft von dem ermüdeten Mann zu erbitten, kann auch das verstehen.

Da die Gesichte je nach der aufgewendeten Konzentration deutlicher oder verschwommener erschienen, wurden sie mit einer gewissen Anstrengung geschaut und konnten den Seher, besonders bei einer Überforderung seiner Kräfte, geistig erschöpfen. Das sind die Beobachtungen, die der Verfasser dieser Zeilen in einer achtzehn Jahre dauernden, peinlich genauen Überwachung des Alois Irlmaier von Freilassing gemacht hat."

Rechtsanwalt Siegfried Adlmaier, der Sohn Conrad Adlmaiers, kann die Erfahrung seines Vaters aus eigener Erinnerung bestätigen: „Mein Vater meinte, daß er in den Fällen, wo er zum Beispiel Schicksale von vermißten Soldaten geschildert hat, erstaunlich treffsicher war. Und daß sich, wenn *sehr viele* Leute gekommen sind, diese Sehergabe, wenn man es jetzt kurz so nennen will, etwas erschöpft hat. Da is er dann müad worn. Und die Genauigkeit hat nachglassn."

Sehr viele Leute waren es in der Tat, die zu Irlmaier kamen. Der weitbekannte Mann konnte sich vor Hilfe- und Ratsuchenden nicht mehr retten. Fast ist man versucht, zu dem abgenutzten Ausdruck zu greifen: Er wurde die Geister, die er rief, nicht los. Der Andrang, nun auch Neugieriger, wurde nachgerade unerträglich. Dazu kamen Anfeindungen. Ein Dieb, der ein Schaf gestohlen hatte, zeigte Irlmaier wegen übler Nachrede an. Die Spuren wurden verwischt, kein Nachweis konnte mehr erbracht werden – Irlmaier mußte eine Geldbuße zahlen.

Sehr zu Unrecht warf man ihm Gewinnsucht vor. Wenn er auch ganze Tage hindurch Auskunft über vermißte Angehörige gab, nie verlangte er einen Pfennig dafür. Ein von Herzen kommendes „Vergelt's Gott" galt ihm als das Höchste, dafür war er zu allem bereit. Er antwortete: „Gsegn's Gott", und seine Spannkraft kehrte zurück. Er begnügte sich mit dem Verdienst, den ihm das Brunnengraben einbrachte (in der schlechten Zeit war das nicht viel). Nur wenn er für jemanden eine größere Reise machte, mußte er einen geringfügigen Ersatz der Fahrtauslagen verlangen.

Wahrscheinlich ist er der einzige Hellseher, der den Beweis für seine Fähigkeiten vor Gericht antreten konnte. Als er aufgrund des „Gaukelei"-Paragraphen im Frühjahr 1954 vor den Richter zitiert wurde – ein eigentlich nur mit der „Weltanschauung" der 1945 untergegangenen Machthaber erklärlicher Vorgang, hatte Irlmaier doch für die Mitteilung seiner Gesichte nie Geld genommen –, mußte sich das Amtsgericht Laufen durch beeidete Zeugenaussagen von Irlmaiers Befähigung zu außersinnlichen Wahrnehmungen überzeugen lassen.

Conrad Adlmaier erinnert sich an diesen Vorgang: „Was die Zeugen, meistens aus Freilassing, hier unter Eid aussagten, war für den Hellseher derartig günstig, daß sich das Gericht überzeugen ließ, von Gaukelei könne hier keine Rede sein. Das Motiv der Gewinnsucht schied gänzlich aus, als bekannt wurde, daß sich Irlmaier mit einem ‚Vergelt's Gott' für seine Dienste begnügte und armen Frauen, die ihn in ihrer Not aufgesucht hatten, sogar noch das Fahrgeld schenkte. So bewahrheitete sich das, was der Lois dem Richter bei Beginn der Verhandlungen vorausgesagt hatte: ‚Du kannst mir gar nichts tun!' Er wurde freigesprochen."

Der Nothelfer

Die in den historischen Gerichtsakten einzusehende Urteilsbegründung lautete damals: „Die Vernehmung der Zeugen Himpel, Stadler, Wallner, Hiebl und Käser hat so verblüffende, mit den bisher bekannten Naturkräften kaum noch zu erklärende Zeugnisse für die Sehergabe des Angeklagten erbracht, daß dieser nicht als Gaukler bezeichnet werden kann."

Wer allerdings hätte eine gelegentlich für die Kinder mitgebrachte Tafel Schokolade oder in der schlechten Zeit vielleicht gar einmal ein Stück (aus dem handlichen Holzmodel gepreßter) Bauernbutter kategorisch zurückgewiesen? Wer hätte schlichte Leute beleidigen wollen, weil sie sich an einen alten ländlichen Brauch hielten? Fest steht, daß Irlmaier nie einen Pfennig verlangt hat. Angehört hat er alle, ohne Rücksicht auf Stand und Namen. Bis spät in die Nacht hinein hat er die langen Schlangen vorgelassen, hat Rede und Antwort gestanden, bis er nicht mehr konnte. Gelegentlich war er nach hinten über den Zaun entwichen, während vorn die Leute noch warteten, sonst wäre er überhaupt nicht mehr weggekommen. Ja, er hatte sich vor dem Zudrang nicht anders zu retten gewußt, als einen Zaun um sein Baugrundstück zu ziehen. Es war kein hölzerner Hanichelzaun wie damals in Oberscharam, sondern, zeitgemäßer, ein Stahlrohr-Rahmen mit Maschendraht. Von Stacheldraht war noch keine Rede, der sollte später als Folge eines anderen Ereignisses, von dem noch berichtet wird, hinzukommen. Nicht selten stieg er also hinten über den Zaun und flüchtete sich in die Reichenhaller Straße. Er war Tag und Nacht belagert. Daheim, erinnern sich die Kinder, habe er dann den Kopf in die Hand gestützt und gestöhnt: „I siehg nix mehr! I siehg nix mehr!" Es war ihm das Schrecklichste, dieses Anzeichen der totalen Erschöpfung: „I siehg nix mehr!" Stundenlang, bis in die Nacht hinein, und oft noch am frühen Morgen, haben die Leute vor seinem Zaun gewartet. Nur die stete Wiederholung entspricht solchem Ostinato. Irl-

Der Nothelfer

maier war daheim selten zu sprechen, erinnern sich die Kinder. Entweder war er über Land bei seinen Kunden er baute Brunnen in ganz Oberbayern, vor allem im sogenannten Saurüssel zwischen Salzach und Inn – oder er gab den Leuten Auskunft, Stunde um Stunde. Hockte er einmal daheim am Stubentisch, fielen ihm vor Müdigkeit die Augen zu.

An einer anderen Stelle seiner in drei Auflagen (1950, 1956, 1961) erschienenen Broschüre „Blick in die Zukunft" schreibt Conrad Adlmaier: „Wer glaubte, sein Rang oder Stand mache ihn zu einer bevorzugten Person, der kam bei Irlmaier an die falsche Adresse. Er kannte keinen Unterschied, ob reich oder arm, ob hoch oder nieder. Die Schwester des Generals Clay ließ er genauso vor seiner Hüttentür warten wie irgendeine arme Bauersfrau, die um ihren vermißten Sohn anfragen wollte." (Daß Irlmaier nicht nur von General Clays Schwester, sondern vom General selbst und dessen politischem Berater Robert Daniel Murphy (1894–1978) über den Verlauf der Nachkriegsentwicklung befragt wurde, läßt sich in Ermangelung lebender Zeugen oder gleich zuverlässiger Dokumentierung nur als Ondit anführen.)

„Die Hunderte von Amerikanern, die ihn besuchten, mußten einen Dolmetscher mitnehmen, denn Irlmaier konnte nur chiemgauerisch reden, aber nicht englisch. Und doch erzählte er den meist farbigen Soldaten – vielleicht waren es Gefühle des Heimwehs nach den so weit entfernten Angehörigen, die sie zu ihm führten – haargenau, wie es bei ihnen zu Hause stehe, ob alles gesund sei, und was sie sonst noch wissen wollten. Ein reicher Amerikaner kam sogar mit dem Flugzeug herüber, um sich Rat und Auskunft wegen einer Ölquelle zu holen." (Irlmaier hätte nach Ölvorkommen suchen sollen. Auf sein Gespür für unterirdische Rohstoffvorkommen soll noch eingegangen werden.) „Daß für den einfachen Brunnenmacher verlockende Angebote nicht fehlten, versteht sich von selbst. Er hätte im Ausland ein berühmter und wohl auch reicher Mann werden können. Aber alle derartigen Angebote lehnte er ab: ‚Ich bleib in meiner Heimat, ich kann mit meiner Brunnengraberei so viel verdienen, wie ich brauch', mehr will ich net', das war sein endgültiger Spruch."

Auch die Polizei bat gelegentlich um seine Hilfe bei der Aufklärung rätselhafter Kriminalfälle. Es ist verbürgt, daß Irlmaier in mehreren hoffnungslos scheinenden Fällen zur Lösung beigetragen hat. Feststeht: Seit sich die Behörden, vornehmlich die bayerische und österreichische Kriminalpolizei, der erfolgreichen Unterstützung des hellgesichtigen Brunnenbauers bedienten, war sein Ruf gleichsam amtlich besiegelt.

„Viele der Visionen Irlmaiers", schreibt Siegfried Hagl in seinem Buch „Die Apokalypse als Hoffnung", „sind verhältnismäßig gut dokumentiert. In Dr. Conrad Adlmaier hat er seinen Chronisten gefunden, der viele Gesichte des Brunnenbauers aufzeichnete und zum Teil auch veröffentlichte. Entsprechende Berichte liegen auch von anderen seriösen Zeugen vor, so daß wir es hier mit ausgesprochen zuverlässig beurkundeten Prophetien zu tun haben."

Conrad Adlmaier kündigt die Mitteilung der vielen von ihm selbst beobachteten Vorkommnisse mit folgenden Worten an:

„So manches Mal hatte auch der Schreiber dieser Zeilen eine absolute Ungläubigkeit an diese Dinge zu überwinden, bis er gründlich bekehrt wurde. Trotzdem sei hier in aller Entschiedenheit erklärt: *Was ich mit eigenen Augen gesehen und mit eigenen Ohren gehört habe, dafür kann ich jederzeit einstehen.*"

VORKOMMNISSE

In der Einleitung zu seiner Auswahl unerklärlicher Begebenheiten um den Seher von Freilassing verspricht Conrad Adlmaier, nur gewissenhaft beglaubigte Fälle, „nur einwandfrei feststehende Vorkommnisse niederzulegen". In seiner dritten Auflage bekräftigt er, „nur genau untersuchte Voraussagen Irlmaiers zu bringen", von denen ihm schriftliche Unterlagen zur Verfügung gestellt wurden.

Ihre Zahl sei überdies in den letzten Jahren so angewachsen, daß er sich aus Raummangel auf die frappierendsten beschränken müsse. Es lasse sich jedenfalls für ihn als Chronisten schon zum damaligen Veröffentlichungszeitpunkt gar nicht mehr umfassend auflisten, wie vielen Verwandten von Gefallenen und Vermißten der Seher aus Freilassing Trost zugesprochen hat. Der Druckereibesitzer war übrigens erst richtig davon zu überzeugen, daß „es Dinge gebe, die sich einer natürlichen Erklärung entziehen", als Irlmaier ihm auf seinen Wunsch Auskunft über sein eigenes Leben gab. Er habe es jedenfalls, schreibt er, fortan unterlassen, Irlmaier Fragen zu stellen, die ihn selbst betrafen.

Der schlichte, gelegentlich allzu schlichte Tonfall der von Conrad Adlmaier und Norbert Backmund mitgeteilten Vorkommnisse wurde hier absichtlich beibehalten. Weitere (vom Verfasser dieses Buches ermittelte und gewissenhaft nachgeprüfte) Ereignisse um Irlmaiers hellseherische Fähigkeiten konnten angefügt werden.

Die Schleiergestalten

Der Tod des Soldaten

„Daß Mütter und Ehefrauen bei Irlmaier anfragten, ob ihr bereits als gefallen gemeldeter Sohn oder Gatte nicht doch noch am Leben sei, war an der Tagesordnung. Die Antwort auf solche Fragen war für Irlmaier immer eine Qual, zeigte sich ihm doch das Geschehen des Todes in grausamer Deutlichkeit. Mehr als einmal wendete er sich dann erschüttert ab: ‚Tua's weg, des Bildl, i ko's nimma sehng! Der arme Mensch! Wia soll i dees denn seiner Muatter sagn, de fallt ja um vor Schmerz!'

So oder ähnlich sagte er, als ihm wieder einmal ein Soldatenbild vorgelegt wurde. Er beschrieb, auf wiederholte Bitten, wie der Betroffene zu Tode gekommen war. Er hatte einen Granatsplitter in die Schulter und einen in die Schläfe erhalten. Er war sofort tot gewesen."

Conrad Adlmaier sagt dazu: „Ich habe als Zeuge gesehen, wie sich Irlmaier schaudernd abwandte, als er nach dem Schicksal eines Vermißten gefragt wurde. Der Betreffende wurde nach einem späteren Brief seines Kompanieführers durch einen Volltreffer schwer verstümmelt und getötet."

Dreimal siebenundzwanzig

„Wieder einmal war Alois Irlmaier nach dem Schicksal eines Kriegsgefangenen gefragt worden. Lange betrachtete er die Fotografie des jungen Mannes. Schließlich sagte er: ‚Der Mann kommt bald nach Deutschland und muß in ein Lazarett. Aber dann sehe ich nichts mehr.'

Begreiflicherweise drängten die Angehörigen zu erfahren, wann das sei. Irlmaier erwiderte nur immer wieder, er könne es nicht sagen, aber er sehe die Zahl siebenundzwanzig. Dreimal sogar. Was das bedeute, könne er nicht sagen.

Diese Voraussage erfüllte sich folgendermaßen: Am 27. September wurde der Kriegsgefangene, um den es ging, im Ural in Marsch gesetzt. Schwer krank traf er in Frankfurt an der Oder ein. Er wurde ins Lazarett eingewiesen und starb dort am 27. Oktober des selben Jahres. Am 27. Dezember schließlich erhielten die Angehörigen die Todesnachricht durch den Bürgermeister ihrer Heimatgemeinde. Die beiden anderen Siebenundzwanziger wurden bestätigt, weil bald danach ein Kamerad des Verstorbenen zu Besuch kam und den ganzen Hergang erzählte.

Als die Angehörigen später Irlmaier fragten, warum er ihnen vom Tod des Kriegsgefangenen nichts gesagt habe, antwortete er: ‚Ich hab genau gesehen, wie er ‚verschleiert' worden ist, aber ich wollt's euch net sagn, weil's mich derbarmt habts!' "

Der Tote mit der Hand auf dem Rücken

„In einer Familie gab es heftige Streitigkeiten. Es ging um Erbschaftsangelegenheiten. Da pflegen die Gegensätze meistens hart aufeinanderzuprallen. Es kam zu üblen Begleiterscheinungen, Denunziationen und Anzeigen. Der alte Vater wußte nicht recht, für wen er Partei ergreifen sollte. Eines Tages traf ihn ein tödlicher Schlaganfall. Sein Sohn, der woanders wohnte, ging eine Stunde später, ohne außer einer kurzen Mitteilung etwas vom Tode des Vaters zu wissen, zu Irlmaier, um sich Rat und Hilfe in seiner Angelegenheit zu holen. Nach kurzer Unterhaltung sagte Irlmaier: ‚Was hast denn mit dein Vater ghabt? Jetzt hat er schnell umi müssen und ist so unruhig. Jetzt reut's ihn, daß er nimmer mit dir redn könna hat. Er geht allweil auf und ab und hat die rechte Hand aufn Buckl, die linke Hand schwenkt er hin und her. Er bittet dich, daß du ihm verzeihst, und jetzt möcht er dir die Hand geben. Gib's ihm halt!'

Der Besucher wußte nicht, was er sagen und tun sollte. Tatsächlich hatte sein verstorbener Vater die Gewohnheit, die rechte Hand auf den Rücken zu legen, und wenn er ging, den linken Arm hin und her zu schwingen. Ganz erschüttert sagte der Betreffende nun zu Irlmaier: ‚Ich seh ja nichts, wie kann ich denn da die Hand hergeben, obwohl ich meinem toten Vater alles von Herzen verzeih, was er mir angetan hat!' Darauf ergriff der Hellseher die rechte Hand seines Gastes und führte sie in die des von ihm wahrgenommenen Schemens. ‚Siehst, jetzt schaut er ganz zufrieden', sagte Irlmaier, ‚und jetzt geht er.' Man kann sich ungefähr vorstellen, was sich der Sohn dachte, als er dann heimging, um den toten Vater bereits aufgebahrt vorzufinden."

Der tote Maler

„Irlmaier hatte als Brunnenmacher viel im Salzburger Land zu tun. Deshalb kam er häufig über die Grenze. Eines Tages war er dort bei einer Familie zu Gast. Als der Kaffee gebracht wurde, sagte Irlmaier: ‚Was ist denn das für ein Kunde, der da hinten steht? Ja, der gehört daher, den hat am Gartentürl der Schlag getroffen. Und jetzt bittet er um was. Eine heilige Meß brauchet er halt. Der hat in dem Haus gewohnt, und da droben hat er seine Malerbude ghabt. Jetzt weiß ich's, das ist der Maler M., nach dem haben sie eine Straß an der Salzach benannt.'

Als man Irlmaier dann im oberen Stock das Selbstporträt des Malers zeigte, sagte er: ‚Ja, das ist er, der drunten im Zimmer steht. Laßt's ihm nur gleich morgen bei den Kapuzinern eine Meß lesen! Jetzt dankt er mit der Hand, jetzt geht er.' Niemand der Anwesenden hatte gewußt, daß das Haus früher das Heim jenes berühmten Malers war. Erst als man zu dem Hausbesorger ging und nachfragte, wurde bestätigt, daß alles, was der Hellseher behauptet hatte, bis ins Detail stimmte, die Lage des Ateliers, der plötzliche Tod des Malers durch Schlaganfall bei der Gartentüre. Der Verstorbene bekam seine heilige Messe bei den Kapuzinern; die Hausinwohner aber konnten sich fortan eines leisen Grauens nicht erwehren, wenn sie durch das bewußte Gartentürl gingen."

Kein Segen auf dem Brot

„Als Irlmaier einmal in einem Gebirgsort einen Brunnen grub, wurde er von der Bäuerin zu einer Brotzeit eingeladen. Er schaute das Brot an und sagte: ‚Eigentlich sollte ich nichts essen, es liegt bei euch kein Segen darauf. Da schau! Da steht dei Vater unter der Tür und hebt bittend d' Händ' auf, und d' Mutter, die da droben im Eckzimmer gestorben ist, de bitt' zum Fenster herein. Warum betet ihr denn gar nix für eure Leut?' Die Bäuerin lief vor Schrecken fort, auch der Bauer verzog sich, und ebenso die drei erwachsenen Söhne, die vom Kirchengehen nicht viel wissen wollten.

Das Merkwürdigste dabei ist, daß der Hellseher auch Verstorbene sieht. Wie schon berichtet, erscheinen sie als ‚Schleiergestalten' vor seinem geistigen Auge. Einmal, als er mit einem Bekannten in der Kirche gewesen war, sagte er hernach, in den Stühlen seien viele Verstorbene gesessen, einige aber hätten dem Altar den Rücken zugekehrt, die seien vielleicht im Fegfeuer."

(Immer wieder und bei vielen Gelegenheiten, so wird von zahlreichen Zeugen übereinstimmend berichtet, rief Irlmaier zum Gebet für die abgeschiedenen Seelen auf.)

Er hat ein weißes Gewand an

Diese Schau sei wegen ihrer Eindringlichkeit mitgeteilt, obwohl ihre Erfüllung unbestätigt bleiben muß:

„Diplom-Architekt Grannersberger aus Freilassing legte Irlmaier einmal ein Lichtbild vor mit dem Hinweis, daß es sich um einen Schwager handle, der noch in Gefangenschaft sei. Was er ihm darüber sagen könne? Irlmaier betrachtete das Bild, schaute traumverloren in die Weite und sagte mit leicht zitternder Stimme: ‚Das ist ein ‚Höherer‘ – ich sehe eine große Stadt – lauter Trümmer- einen breiten Fluß – es ist in Rußland – es könnte Stalingrad sein; – es geht ihm schlecht – ich seh' ihn flüchten – wird wieder eingefangen – es geht ihm noch schlechter – er flieht wieder – springt ins große Wasser – ich sehe Blut – ich sehe Blut – er ist verwundet; – jetzt wird es auf einmal ganz weiß – wie ein Schleier.‘ Und nach einer längeren Pause zu Grannersberger gewendet: ‚Du, der kommt nicht mehr – der ist tot – er hat ein weißes Gwand an.‘

Wie uns Grannersberger hernach persönlich bestätigen konnte, ist sein Schwager seit Stalingrad vermißt. Die Familie erhielt nie eine Nachricht über sein Schicksal."

Der Lebensretter

Im Zweiten Weltkrieg hat Irlmaier durch sein Vorauswissen einer unbekannten Anzahl von Menschen das Leben retten können. Seine seherischen Hilfsdienste waren von großem praktischen und mitmenschlichen Wert.

Bunker in Rosenheim

„Als die furchtbaren Fliegerangriffe begannen, machte sich überall der Schrecken breit. Hunderttausende fielen den Bomben zum Opfer; in den meist nur behelfsmäßig ausgestatteten Unterständen wurden die Schutzsuchenden verschüttet und begraben. Irlmaier warnte seine Bekannten oft genug vor bestimmten Bunkern. Er kam damals öfter auf Besuch zu einer Verwandten in Rosenheim. Einmal sagte er zu ihr, sie solle bei Fliegeralarm nicht in die Mitte des Bunkers am Salinenplatz gehen, weil er dort lauter Leichen sehe, dagegen geschehe den Leuten am Eingang des Stollens nichts. Das sprach sich in der Stadt herum, und die Leute richteten sich danach. Als wieder ein schwerer Luftangriff geflogen wurde, flüchteten die Passanten in den Bunker, mieden aber die Mitte. Als schon die Bomben fielen, kamen noch Soldaten, die auf der Durchreise waren, drängten sich trotz der Warnungen der Einheimischen in die Mitte und fielen gleich darauf einem Volltreffer zum Opfer. Die Menschen am Stolleneingang blieben unverletzt."

„Die Bomben tun euch nichts!"

Viele derartige Fälle wurden bekannt. Irlmaier sagte die Luftangriffe auf Reichenhall, Rosenheim und Freilassing in allen Einzelheiten voraus. Um das Jahr 1944, als die Zerstörung der Städte durch Bombenangriffe immer verheerendere Ausmaße annahm, war der Seher einmal zu Besuch bei einem Verwandten in Freilassing. Natürlich drehte sich das Gespräch um den Krieg und die immer häufigeren Fliegeralarme. In dem kleinen Marktflecken (Stadterhebung erst am 4. September 1954) gab es nur einen einzigen absolut sicheren Unterstand. Ein Nachbar, der zum Zeitpunkt der Anwesenheit Irlmaiers auf einen kurzen „Ratsch" herübergekommen war, meinte: „Wo wir hinrennen sollen, wenn's einmal richtig kracht, das weiß ich nicht." Da sagte Irlmaier: „Du kannst ruhig in deinem Haus bleiben, da passiert gar nichts. Aber in der und der

Gegend wird fast alles zusammengeschlagen, da gibt's auch Tote genug. Da fallen zweimal die Bomben. Euch tut's nichts." Infolge dieser Voraussage blieb der Nachbar bei jedem Fliegeralarm in seinem Haus. Als dann wirklich gegen Ende des Krieges zwei schwere Angriffe geflogen wurden, traf es tatsächlich nur jene Gegend, die Irlmaier bezeichnet hatte, schwer, und es gab zahlreiche Tote.

„Heut nacht kommt der Angriff!"

Viele Menschen hatte Irlmaier während des Krieges dadurch gerettet, daß er ihnen voraussagte, welche Häuser in Freilassing den Bomben zum Opfer fallen würden: „Da reißt's alles weg bis auf den Keller! Und bei dir druckt's nur die Scheiben ein!" Die Freilassinger lachten, befolgten aber seine Warnungen und stellten hinterher fest, daß der Brunnenbauer recht behalten hatte.
Als der Pilot eines amerikanischen Flugzeugs über Freilassing abstürzte und sich mit dem Fallschirm rettete, wurde er gefangengenommen. Der Bürgermeister von Freilassing, kein Einheimischer, ein fanatischer Nazi, griff zur Selbstjustiz: Kaltblütig erschoß er den gefangenen Amerikaner. Ein fürchterliches Vergeltungs-Bombardement Freilassings war die Folge. Der Marktflecken wurde weitgehend zerstört. Irlmaier warnte verschiedene Einwohner des Ortes. Dadurch entgingen sie zum Teil dem sicheren Tod. In der Reichenhaller Straße baute er in Windeseile mit Hilfe seines Sohnes und anderer Männer einen bombensicheren Bunker. Aber er grub ihn, was zunächst nicht verstanden wurde, gegen die Straße hinaus. Am 25. April 1945, kurz vor Kriegsschluß, war es dann soweit: „Heit kimmt da große Bombenangriff", sagte Irlmaier. „Heit müaß ma in' Bunker!" – „Richts alls zsamm, heit kimmt der Angriff!" Irlmaier ging mit seiner Familie und seinen Nachbarn in den Bunker. In dieser

Vorkommnisse

vorausgesagten Nacht brach der geschilderte verheerende Angriff über Freilassing herein. Es waren, genau gesagt, zwei Angriffe: Um 17.30 Uhr und um 21.30 Uhr luden amerikanische Bombengeschwader in sieben Wellen ihre vernichtende Last über der Marktgemeinde ab. Die Wände des Bunkers, erinnert sich die Tochter Maria, bebten; sie hielten aber stand. Nur der rückwärtige Teil des Hauses wurde zerstört. Und von einem gegen die Saalach zu gelegenen Bauernhof blieben bloß Trümmer.

Vorkommnisse

Vorausgesehene Todesfälle

Der lustige Zecher

„In Hammerau (Adlmaier begnügt sich, wohl aus Rücksicht auf die Familie, mit einem H.), einem kleinen Ort in der Nähe Freilassings, hatte sich beim Wirt eine fidele Zechgesellschaft zusammengefunden. Alois Irlmaier saß still in der Ecke. Als ihn ein pensionierter Oberst fröhlich anprostete und ihm zurief, er solle nicht so düster dreinschauen, sondern mittrinken, sagte er: ‚I moan allaweil, in drei Tag is dir's Lachen aa vergangen, da wirst nimma leben.' Der Angeredete erschrak zwar zunächst über diese Prophezeiung, lachte aber dann schallend auf: ‚Machen Sie keine faulen Witze! Ich fühle mich kerngesund und hoffe noch lange zu leben.' Irlmaier sagte nichts mehr und ging heim. Drei Tage später starb der angeblich kerngesunde Zecher an einem Schlaganfall."

Der Todesfall in der Familie

„Alois Irlmaier war einmal bei einer befreundeten Familie in Salzburg zu Gast. Auf einmal ‚sah' er wieder etwas und verstummte mitten im Gespräch. Man fragte ihn, was los sei. Nach längerem Zögern sagte er: ‚In euerer Familie wird sich bald ein Trauerfall ereignen. Ich sehe einen Mann am Boden liegen. Er hat etwas am Unterleib und wird daran sterben.'

Man rätselte in der Familie, wer der Todeskandidat sein könnte. Schließlich vermutete man, daß ein Verwandter gemeint sei, der ein Magengeschwür hatte. Nach vier Wochen wurde aber ein anderer Verwandter, ein kräftiger Bursche, von einem ausschlagenden Pferd so heftig in die Bauchgegend getroffen, daß er an den inneren Verletzungen, die er dabei erlitt, starb."

Vorkommnisse

Wenn die Sonne am höchsten steht

Eine der merkwürdigsten Voraussagen Irlmaiers bestimmte sogar den Tag eines Todesfalles. Um sich einen Spaß zu machen, schickte ein Bekannter des Traunsteiner Redakteurs Conrad Adlmaier dem Seher von Freilassing sein Lichtbild, und bat, ihm etwas über seine Zukunft mitzuteilen. Er erhielt keine Antwort. Dem Überlieferer dieser Begebenheit – Conrad Adlmaier – aber sagte Irlmaier folgendes:

„Dein Freund lebt nicht mehr lang. Über seinem Todestag sehe ich die Sonne senkrecht stehen. Sag ihm aber nichts davon!" Da der Mann kräftig aussah und ein Bärenmensch war – teilt Adlmaier mit –, vergingen noch zwei Jahre nach dieser Voraussage bis zum Juni 1956. Am Sonntag nach Fronleichnam, am 3. Juni, starb er ganz plötzlich an einem Schlaganfall, obwohl niemand diesen Todesfall hatte voraussehen können. Der Tote war dem Seher völlig unbekannt, Irlmaier kannte nicht einmal seinen Namen. Woher wußte er die Zeit seines Todes? Um die Sonnenwende des Jahres trat der Tod ein! Wie konnte der Seher die Zeit so genau bestimmen? Das sind Rätsel, für die es keine Erklärung gibt.

Andere Merkwürdigkeiten

Der Stundenplan für den Berliner

„Anfang 1948 tauchte ein junger Mann bei Irlmaier auf. Er kam aus Berlin. Als ehemaliger SS-Mann tat er sich besonders schwer und wußte sich keinen Rat. Also ging er zum Brunnenmacher. Der schaute ihn eine Zeitlang an, dann sagte er: ‚Du bist lang eingsperrt gwen, eins, zwei, drei Stricherl, drei Jahr bist eingsperrt gwen, hast aber niemand was getan. Darum helf i dir! Du möchst ins Österreichische, und das wird auch dein Vorteil sein. Dei Frau ist in Österreich begraben. Du lernst eine andere Frau, eine Witwe, in Salzburg kennen, die verschafft dir Papiere. Und schließlich wirst du sie heiraten, dann geht's dir gut, du kriegst wieder mehr zu essen. Deine erste Frau hat so und so ausgesehen, sie wurde krank. Ihre Krankheit wurde nicht erkannt, und darum mußte sie sterben. Siehgst, da steht s' neben dir und lächelt traurig. Jetzt paß auf, was ich dir sag! Am nächsten Montag zwischen 12 und 4 Uhr gehst über die Grenz. Wennst früher oder später gehst, schnappens dich. Nach 4 Uhr nachmittags möcht dich ein österreichischer Grenzer verhaften. Dann mußt von deiner Militärzeit erzählen; wenn du das tust, läßt er dich wieder laufen; das ist um 4 Uhr 12 Minuten, weil ich deine Uhr sehe. Also folg mir, und jetzt pfüat di Gott. Bet für dei Frau!'

Die Anweisung Irlmaiers wurde genau befolgt. Der Berliner ging bei Schwarzbach über die Grenze, da kam ein österreichischer Zöllner daher und fragte ihn ziemlich barsch nach seinen Papieren. Der Berliner sagte blank weg: ‚Ich hab keinen Grenzschein, aber ich war jetzt drei Jahre gefangen. Sie sind doch auch Soldat gewesen; ich möchte nur das Grab meiner Frau besuchen, die ist in X. begraben. Kamerad, hilf mir, ich will ja nichts Böses.' Da wurde es dem Gendarmen warm ums Herz, und er ließ den Berliner laufen. Der schaute auf die Uhr, es war 4 Uhr 12 Minuten. Froh wanderte er weiter."

Es spielte sich dann alles genauso ab, wie Irlmaier es vorausgesehen hatte. Er traf über der Grenze die Witwe und fand bei ihr ein Heim, wie er Conrad Adlmaier später erzählte.

Der tote Bruder

„Auf einer abendlichen Gesellschaft kam in vorgerückter Stunde ein Beamter der Militär-Regierung Tölz zu Irlmaier und fragte scherzhaft: ‚Und was ist los mit mir?' Irlmaier sah ihn einige Sekunden an und sagte dann: ‚Wennst net schaugst, daß d' hoam kimmst, hast bald koa Hemd mehr im Kasten!' Der Amerikaner schüttelte den Kopf und verlangte weitere Aufklärung. Sie setzten sich. Irlmaier blickte an die Decke hinauf und berichtete nach einer Pause stoßweise: ‚Ich sehe ein Haus, ein zweistöckiges Haus mit einem niedrigen Dach, oben, eins, zwei, drei, vier, fünf runde Fenster. Daneben steht ein breitästiger Baum. In dem Haus liegt ein toter Mann. Es ist dein Bruder. Seine Frau sitzt an einem Tisch, sie schreibt …, sie will das ganze Erbe, das zur Hälfte dir gehört, an sich reißen. Sie will sich das ganze Haus aneignen, sie will alles haben …' Bei diesen Worten wurde der Amerikaner immer blasser. Mechanisch zog er aus der Brusttasche ein Telegramm, in dem ihm am Tag zuvor der unerwartete, plötzliche Tod seines Bruders mitgeteilt worden war. Dann legte er ebenso wortlos eine Fotografie seines Hauses im Mittelwesten der Vereinigten Staaten auf den Tisch. Es glich aufs Haar dem, das Irlmaier beschrieben hatte. Am übernächsten Tag flog er nach Amerika ab. Nach Wochen traf ein Dankbrief ein, der alles bestätigte, was Irlmaier ‚gesehen' hatte."

Seltsame Voraussage

„Ein Geschäftsmann, dessen Frau erkrankt war, kam zu Irlmaier um Rat. Der Hellseher sagte zu ihm: ‚Fahr gleich heim, mit deiner Frau steht's nicht gut. In drei Wochen stehst du an ihrem Grab. Aber du bist in einem Jahr schon wieder verheiratet.' Tatsächlich starb die Frau in der angegebenen Zeit. Als der Witwer nach einem Jahr wieder zu Irlmaier kam, stellte er seine Braut vor, die mit ihm gekommen war. Das Aufgebot zur Verehelichung war bereits bestellt. Aber Irlmaier lachte nur und sagte: ‚Nein, die ist es nicht, die ich vor einem Jahr gesehen habe. Fahr nur wieder heim, ihr zwei kommt nicht zusammen.' Die zwei Brautleute kamen tatsächlich schon auf der Heimreise ins Streiten und trennten sich.

Eine andere Braut trat mit dem Geschäftsmann vor den Altar."

Das Mädchen vom Ammersee

„Einmal kam ein Mädchen aus der Ammersee-Gegend zu Irlmaier und fragte ihn um Rat. Ohne weiteres sagte er folgendes: ‚Du hast von einem schlechten Kerl ein Kind. Da und da bist mit ihm beisammen gewesen. Zweimal hast du ihm Geld gegeben, das dritte Mal, wie er wieder Geld von dir wollte, hast ihm keins mehr gegeben. Laß den schlechten Kerl laufen. Dein Vater ist ein Müller. Euer Haus steht am Wasser; drüber der Straße ist ein stinkender Wassergraben. Wennst heimkommst, sagst deinem Vater, er soll den Graben drainieren, und das Wasser in Rohre leiten, es ist besser für euch. Deine Mutter ist eine alte Frau, die hat am Bauch ein Gewächs. Sie soll sich operieren lassen, und da brauchts ihr keine Angst haben, sie halts leicht aus und wird wieder gesund.' Dann beschrieb Irlmaier noch das ganze Anwesen mit vielen

Einzelheiten. Dem Mädchen brach der Schweiß aus vor lauter Aufregung, denn alles war so, wie Irlmaier es beschrieben hatte. Zuletzt sagte er ihr noch, sie solle ein anderes Mal nicht mehr so dumm und leichtgläubig sein."

Die Kiste unter dem Kohlenhaufen

„Eine Frau hatte große Wäsche. Das war in jedem Haushalt ein Ereignis, denn es kostete Mühe und Arbeit genug, in diesen teueren Zeiten die kostbare Wäsche in Stand zu halten. Deswegen war die Frau froh, als das letzte Stück gereinigt an der Leine hing. Nach getaner Arbeit ging sie einer anderen Beschäftigung nach. Als sie wieder nach der Wäsche sah, war diese bis zum letzten Stück verschwunden. Ein Dieb hatte eine günstige Gelegenheit benützt, um damit das Weite zu suchen. Den Schrecken der Frau kann man sich vorstellen. Wehklagend kam sie zu ihrem Mann. Der dachte sofort an Irlmaier. Schleunigst wurde ‚der Alisi' um Rat gefragt. ‚Wo is mei Wasch', fragte die betrübte Frau, ‚Irlmaier, i bitt di, hilf mir!' Und der Hellseher half, wie er auch sonst gern half, wo er konnte: ‚Du weißt doch das Haus vom Y, da gehst nei und in Keller nunter. Aber nicht im ersten Keller, da gehst durch, da is noch ein zweiter Keller, da gehst hinein. Und da sind Kohlen, ein großer Haufen. Die mußt wegschaufeln, dann findest du deine Wasch wieder', sagte der Hellseher. Das ließ sich die Frau nicht zweimal sagen. Sie bat einen Schutzmann mitzugehen und machte sich auf den Weg in das bewußte Haus. Die Hausleute waren sehr empört, daß da ein Gendarm daherkam, daß gar von einem Waschdiebstahl die Rede war, aber schließlich gingen alle miteinander in den Keller. Und siehe da, im zweiten Keller fand man den großen Kohlenberg. Eine Schaufel war schnell bei der Hand. Schon in kurzer Zeit kam eine große Kiste zum Vorschein; darin lag, noch naß, wie sie von der Leine gekommen war, die gestohlene Wäsche. Daß die Frau hocherfreut abzog, kann jede Hausfrau nachfühlen. Was weiter geschah, ist belanglos. Die Tatsachen wurden in Freilassing nachgeprüft."

Beschreibung eines Krankenzimmers

„Die Frau eines Hafnermeisters in Laufen namens R hatte einen Sohn, der bei der Waffen-SS diente und später Sturmführer wurde. Als der Krieg zu Ende war, wurde dieser Mann wegen seiner Zugehörigkeit zur SS interniert. Als er später erkrankte, kam er ins Interniertenkrankenhaus Traunstein. Die Eltern machten sich schwere Sorge um ihren Sohn, und die Mutter kam zu Irlmaier, um sich Rat zu holen. Der Hellseher sagte: ‚Dein Sohn ist in einem Krankenhaus. Er hat einen Gipsverband bis zum Bauch herauf. Ich sehe ihn, er liegt im Bett und sieht krank aus. Er hat was am Darm.' Dann beschrieb Irlmaier das Krankenzimmer in allen Einzelheiten, wie die Betten standen, wie der Sohn voller Sehnsucht beim Fenster hinaussah. Er erkannte auch, daß das Leiden des Kranken unheilbar zu sein schien, doch wollte er darüber keine nähere Auskunft geben. Die Frau fuhr dann nach Traunstein und fand das Krankenzimmer haargenau so wie Irlmaier es beschrieben hatte."

Sonderbarer Termin

„Wieder einmal fragte jemand um das Schicksal eines Kriegsgefangenen. Der Mann hatte die Nummer: Moskau 3956. Irlmaier sagte folgendes voraus: ‚Vor eurem Haus habt ihr ein kleines Feld. Auf dem Feld wird im Herbst Weizen angebaut. Wenn dieser Weizen im näch-

sten Jahr geschnitten ist und die Stoppeln auf dem Feld stehen, dann kommt er heim. Aber er ist sehr krank. Trotzdem wird er wieder gesund werden.' Das war im Jahr 1947. Im Herbst dieses Jahres wurde auf dem kleinen Grundstück Weizen angebaut. Als der Weizen 1948 geschnitten war, und die Stoppeln noch auf dem Acker standen, kam der Gefangene tatsächlich nach Hause. Allerdings litt er noch an einem Hungerödem und mußte in eine Heilanstalt eingewiesen werden. Dort genas er."
Der Gewährsmann Conrad Adlmaier schreibt: „Heute lebt er gesund im Kreise seiner Familie. Sein Name ist bekannt. Manchmal schaut er auf das kleine Feld vor dem Haus und fragt sich immer noch, wie Irlmaier das alles voraussehen konnte."

Die drei Vermißten

„Ein Chiemgauer Bauer fuhr nach Freilassing zu Irlmaier, um wegen seines vermißten Sohnes zu fragen. Es ging ihm wie so vielen: der Alois war wieder einmal nicht da. Er wartete lange vergeblich, schließlich ging er in ein Gasthaus zum Essen. Dort traf er einen Heimatvertriebenen, dem das gleiche passiert war. Der war ebenfalls von Beruf Landwirt und erklärte, er werde solange in Freilassing bleiben, bis er sein Ziel erreicht habe. Daraufhin gab der Chiemgauer dem Mann das Foto seines vermißten Sohnes mit der Bitte, bei Irlmaier Auskunft über dessen Schicksal einzuholen, da er selbst nicht mehr Zeit habe, länger zu warten.

Als der Flüchtling endlich beim Hellseher vorgelassen wurde, legte er diesem drei Fotos von Vermißten vor. Alois gab Auskunft über alle drei. ,Der eine', sagte er, ,ist 1944 gefallen'. Dadurch wurde eine Nachricht, die die Angehörigen von anderer Seite erhalten hatten, bestätigt. ,Der zweite', sagte Alois, ,ist in einem Gefangenenlager bei Moskau. Er wird wieder heimkommen. Der dritte ist der Sohn von einem großen Bauern. Der hat dir fünf Mark gegeben, gell, damit du mich ausfragst. Sag ihm, sei Bua lebt noch, er ist aber ganz weit weg, so weit schon, daß du's dir nicht denken kannst. Und der bleibt noch lang aus. Des kannst ihm sagen. Und dir erzähl ich jetzt, wie es in deiner früheren Heimat ausschaugt. Da ist dein Haus, und danebn lauft a kleiner Bach, und nebn der Tür steht a großer Baum.' Und so beschrieb Irlmaier das Anwesen des Flüchtlings bis ins kleinste, so daß dieser aus dem Staunen nicht herauskam. Die beiden Kriegsgefangenen kamen später tatsächlich zurück."

Die Heiratslustige

„Manche Ehefrauen wollten, auf ein vielleicht ziemlich vages Hörensagen hin, daß ihr vermißter Mann gefallen sei, neue eheliche Bande knüpfen. Jedenfalls hatte eine Frau in X. die Möglichkeit, eine sogenannte ‚gute Partie' zu machen. Ihr Mann war seit Jahren vermißt. Da bewarb sich ein anderer Mann in guten Verhältnissen um ihre Hand. War der Vermißte tot? Konnte sie heiraten? Jedenfalls ging sie mit dem Bild ihres vermißten Mannes zu Irlmaier und fragte ihn, was sie tun solle. Der schaute sich die Fotografie an, dann sagte er: ‚Du möchst wieder heiraten, gel? Aber dein Mann lebt in russischer Gefangenschaft und kommt 1951 heim. Wenn du einen andern heiratest, gibt's ein Unglück. Also wart halt, du wirst es nicht bereuen.'

Daraufhin ging die Frau getröstet heim und wartete trotz Sorgen und Not auf den Vermißten, den wohl in Rußland nur eines aufrecht erhielt, der Gedanke an seine Lieben in der Heimat. Und ihre Geduld wurde belohnt; er kehrte tatsächlich zurück."

Wenn eine Frau gar zu ungeduldig ist

„Bei seinen Aussagen war Irlmaier in der Regel von erfrischender Natürlichkeit. Als ihn eines Tages eine elegante Dame aus Salzburg besuchte, um zu erfahren, ob ihr Mann noch lebe, schilderte er genau das Aussehen des Mannes und beschrieb seine kleine dicke Statur. Sogar das schwarze ‚Kapuzinerkappl‘, eine besondere Spezialität des Gesuchten, vergaß er nicht. Vor dem Abschied aber konnte er sich eine kleine ‚Freundlichkeit‘ nicht verkneifen und sagte zu seinem Gast: ‚... und einen Loder (einen Geliebten) hast auch noch.‘ (Was der Dame sichtlich unangenehm war.)

Einer Rosenheimerin aber, deren Mann vermißt war, und die wieder heiraten wollte, ließ er bestellen: ‚Des Mistviech soll warten, der kommt wieder.‘"

Ein Sechser und ein Neuner

„Nach dem Krieg waren die Spruchkammerverhandlungen mitunter Anlaß zu bösen Intrigen. So sollte einmal wieder ein einfacher Mann, der nur Mitglied der NSV gewesen war, zum ‚wilden Nazi‘ gestempelt werden, weil eine Verwandte sich gern seines schönen Hauses bemächtigt hätte. Er wurde sogar ins berüchtigte Lager Moosburg eingewiesen. Der geängstigte Mann wandte sich an Irlmaier: ‚Wie geht die Sache hinaus?‘ – Der Hellseher sagte: ‚Hab koa Sorg. Dei Sach geht guat naus. Sie (d. h. die Verwandte) und dei Nachbar möchten di gern neitauchen, es geht aber anders, und er soll nur schauen, daß er net selber neikommt. Und da siehg i no an Sechser und an Neuner, des werd si scho no ausweisen, was des bedeut.‘

Die Verhandlung verlief so, wie Alois sie vorausgesehen hatte. Das Resultat war eine Strafe von 600 RM. Die

Gerichtskosten beliefen sich auf 300 RM, was zusammen 900 RM ausmachte. So waren also der Sechser und der Neuner auch in Erfüllung gegangen."

Das siebente Kind

„Alois Irlmaier hatte Besuch. Es war ein Unbekannter, wie so viele täglich kamen. Man sprach von Wasseradern. Da beschrieb Alois, ohne die Wohnung seines Besuchers je betreten zu haben, genau die Lage seines Schlafzimmers, die Stellung der Betten, unter denen eine Wasserader durchging (was später durch einen Rutengang erwiesen wurde). Auf einmal unterbrach sich Irlmaier und sagte unvermittelt: ‚Du hast sieben Kinder.' Der verblüffte Angeredete widersprach: ‚Nein, ich habe vier lebende Kinder, und zwei sind gestorben.' Darauf Irlmaier: ‚Du hast vergessen, daß deine erste Frau eine Fehlgeburt hatte.'

Das war richtig, lag aber lang zurück. Außer den Beteiligten hatte das niemand auf der Welt wissen können, am wenigsten der Brunnengräber von Freilassing."

Irlmaier berichtigt

Er mied die Wirtshäuser nicht, wenn er als Brunnenbauer unterwegs war, und unterhielt sich dann gern, konnte mit den andern lustig sein. Dabei kam es nicht selten vor, daß er jemanden berichtigte, der ein eigenes Erlebnis oder eine Begebenheit seiner Familie erzählte, indem er Einzelheiten ergänzte, die nur der Erzähler wissen konnte. Als ihn deswegen in Laufen einmal einer zur Rede stellte: „Woher woaßt denn du dees?", erwiderte er: „Woher i dees woaß? I ko's net sagn, aber i woaß's, und i wer aa nia wieder davo redn."

Vorkommnisse

Die Frau im Zugabteil
oder
Der vorhergesehene Fahrgast

Irlmaier blickte in die Zukunft, in die Ferne, in die Vergangenheit. Er war fähig, zu erkennen, „was morgen geschah", vermochte völlig unberechenbare, zufällige Dinge des Alltags, die sich in wenigen Stunden ereignen sollten, vorherzusagen.

„Einmal fuhr er mit einem Bekannten nach München. In Freilassing war das Zugabteil, in dem sie Platz genommen hatten, leer. Irlmaier sagte zu seinem Gegenüber: ‚Paß' auf, in Rosenheim steigt eine Frau ein.' Bis Rosenheim blieb das Abteil unbesetzt, dort aber stieg tatsächlich eine Frau zu. Irlmaier begrüßte sie mit den Worten: ‚Sie werden froh sein, daß sie jetzt aus dem Krankenhaus herausgekommen sind.' Verwundert fragte die Frau: ‚Wieso, haben Sie mich gesehen, waren Sie auch drinnen?' ‚Na', erwiderte Irlmaier, ‚aber i woaß's' und erzählte ihr den ganzen Verlauf ihres Krankenhausaufenthaltes. Er entsprach Punkt für Punkt den Tatsachen. Irlmaier hatte die Frau noch nie gesehen."

Ein Bubenstreich

„Irgendwo an der Traun saß Irlmaier bei der Brotzeit, denn das Brunnengraben ist eine harte Arbeit. Sein alter ‚Wanderer', auf den er die Rohre und Werkzeuge zu laden pflegte, stand vor der Tür des Gasthauses. Da traten drei junge Burschen herein ‚auf eine Halbe' und schauten etwas spöttisch auf den einfachen Mann im Arbeitskittel, der geruhsam sein Bier trank und von seiner Wurst herunterschnitt. Als Irlmaier mit seiner Brotzeit fertig war, stand er auf, ging zu den Burschen hin und sagte: ‚So, jetzt gehts mit mir wieder außi zu meinem Wagen und pumpts d' Luft wieder eini, wos es außerlassen habts. D' Luftpumpen liegt im Wagen!'

Die drei waren so verblüfft, daß sie wortlos aufstanden, hinausgingen und die Luft hineinpumpten. Um sich einen Jux zu machen, hatten sie ein Ventil aufgeschraubt, um einen ‚Platten' zu konstruieren und den Fahrer Felber ‚aufzuzwicken'."

Der versteckte Hunderter

„Als einmal eine Bäuerin, die von Irlmaier eine Auskunft erhalten hatte, fragte, was sie ihm schuldig sei, winkte er ab und sagte: ‚Du bist ma nix schuldig.' Die Bäuerin bedankte sich und bemerkte: ‚Is eh guat, weil i eh koa Geld dabei hob.' Da meinte Irlmaier trocken: ‚Paß fei auf, daß d' dein Hunderter net verlierst, dens d' in deina Taschn drinhast.' Die Bäuerin wurde rot und verlegen. Sie hatte den Hundertmarkschein bei sich."

Aufgeklärte Mordtaten

Der Mann mit der Silberplatte

„Eines Tages fuhr ein Auto bei Irlmaier vor; drei Polizisten stiegen aus. Der Lois empfing sie mit den Worten: ‚Was wollts denn ihr bei mir mit eurem gestohlenen Wagen?' Das Automobil war tatsächlich zu Unrecht enteignet worden, wie sich später herausstellte, nur wußten die drei Polizisten nichts davon. Aber darum handelte es sich nicht bei dem Besuch. Es war ein Mord geschehen, und die Leiche war verschwunden. Irlmaier beschrieb nun den Polizisten genau den Platz, wo der Ermordete begraben war. Seine Worte waren: ‚Da und da liegt er mit der silbernen Platte im Bauch, da findet ihr ihn.' Tatsächlich wurde die Leiche an dem beschriebenen Ort gefunden. Bei der Sezierung stellte sich heraus, daß der Ermordete unter dem Bauchfell eine silberne Platte trug, was niemand gewußt hatte. Der Mord wurde restlos aufgeklärt."

Mord in Zürich

„In Zürich hatten zwei Banditen einen Bankdirektor aus dem Büro gelockt und brutal ermordet. Die Polizei suchte vergebens nach ihnen. Die Spuren waren verwischt. Alle Bemühungen brachten keinen Erfolg. Irlmaier hielt sich damals gerade in der Schweiz auf, um in P. (Abkürzung von Adlmaier) eine Wasserader für ein Turbinenkraftwerk zu suchen. Er fand auch eine. Da hörte er von dem Verbrechen. Sofort ließ er durch einen ihm bekannten Einheimischen der Polizei eine genaue Beschreibung der Täter zugehen und nannte auch ihren Aufenthaltsort. Alle Angaben stellten sich als richtig heraus. Die beiden konnten daraufhin festgenommen werden. Sie legten ein Geständnis ab."

Vorkommnisse

Der Mörder im Leichenzug

„In Stuttgart war eine Frau ermordet aufgefunden worden. Da sie mit ihrem Mann nicht gerade eine glückliche Ehe geführt hatte, entstand der Verdacht, daß sie von ihrem Ehemann ermordet worden sein könnte. Die Untersuchung setzte mit aller Schärfe ein, obwohl der Mann in höchster Erregung seine Unschuld beteuerte. Eine Vernehmung folgte der anderen und trieb den Verdächtigten an den Rand der Verzweiflung.

Schließlich machte er dem Untersuchungsrichter den Vorschlag, man möge doch den Hellseher Irlmaier aus Freilassing beiziehen, dann werde sich seine Unschuld schon herausstellen. Die Kriminalpolizei ging auf den Wunsch des geplagten Mannes ein. So fuhren eines Tages zwei Beamte mit dem Mann nach Freilassing zu dem Hellseher. Ein Freilassinger Polizist und die beiden Stuttgarter gingen zu Irlmaier hinein, der Verdächtigte mußte draußen warten. Dann wurde dem Brunnenmacher das Bild des Ehepaares vorgelegt mit der Frage, ob der Mann seine Frau umgebracht habe. Sofort sagte Irlmaier: ‚Naa, naa, der hats net umbracht, des war ein anderer, teats mir das andere Bild her, des ihr noch dabei habts!' Tatsächlich hatte der Kriminalbeamte noch ein zweites Bild in seiner Mappe, eine Fotografie des Leichenzuges, als die Ermordete unter großer Anteilnahme der Bevölkerung zu Grabe getragen wurde. Da deutete Irlmaier auf einen Mann, der als vorletzter im Leichenzug ging, und sagte: ‚Der da is gwen, der hats umgebracht. Er hat den Schmuck gestohlen, an Ring und an Fotoapparat, aber des hätts scho rausbringen können, ihr habts ja a Schreiben dahoam, da steht's drauf. Der hat einer anderen Frau was geschenkt von dem g'stohlenen Zeug. Zu dera gehts hin, na dawischts'n, den Richtigen.'

Als die Beamten wieder nach Stuttgart kamen, berichteten sie dem Untersuchungsrichter von Irlmaiers Auskunft. Bei genauer Durchsicht der Akten fand sich ein Brief ohne Unterschrift, in dem eine Frau wegen des Besitzes eines wertvollen Ringes verdächtigt worden war. Es stellte sich heraus, daß dieser Ring Eigentum der Ermordeten gewesen war; der Mörder hatte ihn seiner Geliebten verehrt. Festgenommen, gestand er sein Verbrechen. Er hatte die Frechheit gehabt, an der Beerdigung seines Opfers teilzunehmen. Auf dem Bild des Leichenzugs war er genau an der Stelle zu erkennen, auf die Irlmaier hingedeutet hatte. Dieser Vorfall kann bei der Stuttgarter Staatsanwaltschaft nachgeprüft werden."

Der Giftmord in Traunstein

Zum Abschluß dieser Episoden schildert Conrad Adlmaier einen Fall, den er nicht nur selbst von Anfang bis Schluß miterlebt hat, bei dem ihm sogar der Ermordete und alle Beteiligten persönlich bekannt waren – mit Ausnahme der Giftmörderin. Der später Ermordete verbrachte mit Adlmaier längere Zeit im Wildbad Adlholzen und unterhielt sich öfter auf Spaziergängen mit ihm über seinen Krankheitsverlauf, der bekannt und ärztlich registriert war. Die Akten des Prozesses beim Landgericht Traunstein sind greifbar. Es handelt sich also um gerichtsbekannte Tatsachen, an denen, wie Adlmaier schreibt, nicht zu deuten und zu rütteln ist. Zum Prozeß kam es am 24. Januar 1950. Die Vorgeschichte verlief kurz zusammengefaßt so:

Eines Tages kam eine gewisse Frau Vogel aus Berlin zu Irlmaier und berichtete ihm folgendes: „Ich lebe von meinem Mann Erhart Vogel getrennt. Wir hatten uns bei

Vorkommnisse

einem Bombenangriff in Berlin verloren, und er behauptete, nicht zu wissen, ob ich noch am Leben sei. Er eröffnete in Traunstein eine Drogerie. Ein Fräulein Paula Kratzer wurde seine Angestellte, dann seine Geschäftsführerin und schließlich seine Geliebte. Er hatte ihr schon das Heiratsversprechen gegeben, als ich plötzlich wieder auftauchte. Es kam zu schweren Auseinandersetzungen zwischen uns. Er betreibt die Scheidung, und ich bin jetzt ratlos. Die Paula sucht meinen Mann zu erpressen mit der Drohung, sie werde ihn bei den Amerikanern anzeigen, weil er im Fragebogen seine Zugehörigkeit zur SS verschwiegen hatte." Irlmaier tröstete Frau Vogel: „Tu gar nichts jetzt." Dann eröffnet er ihr: „Dein Mann stirbt bald." Dies traf am 23. Januar 1948 wirklich ein. Bei der Testamentseröffnung stellte sich heraus, daß der Verstorbene Paula Kratzer zur Alleinerbin eingesetzt hatte. Als Frau Vogel deshalb Verdacht schöpfte und wieder zu Irlmaier fuhr, sagte ihr dieser, nachdem er Vogels Bild betrachtet hatte: „Ich sehe deinen Mann im frischen Grab liegen. In seinem Bauch sind Gifttabletten; wenn du ihn ausgraben läßt, erfahrst noch mehr. Dreimal ist es passiert, und ich sehe eine große Schwarze dabei, die hat es ihm gegeben." Auf Anzeige beim Staatsanwalt in Traunstein wurde die Leiche exhumiert. Es wurde so viel Arsen darin festgestellt, daß sogar die Erde unter dem Sarg davon durchsetzt war. Sie zeigte dreißigmal soviel Arsen wie die andere Friedhofserde. Paula Kratzer, die tatsächlich eine stattliche Erscheinung mit schwarzen Haaren war, wurde verhaftet, und der Prozeß nahm seinen Verlauf.

Zu unerklärlichen Rückfällen im Befinden des kranken Vogel war es jedesmal nach den Besuchen seiner Geliebten gekommen. „Dreimal ist es passiert." Zuerst hatte die Giftmischerin einen „Saft" ins Krankenhaus Adlholzen gebracht, dann erlitt Vogel nach einer Bergtour mit Paula Kratzer einen schweren Rückschlag, weil er angeblich erhitzt das eiskalte Wasser einer Bergquelle getrunken hatte, schließlich überredete sie Vogel, das Krankenhaus zu verlassen, und erledigte den Rest in der Wohnung.

Conrad Adlmaier saß auf der Pressebank, Irlmaier stand als Zeuge vor dem Richter. Daß der Verteidiger versuchte, den einfachen Brunnenbauer lächerlich zu machen, um seine bereits unwiderruflich als Giftmörderin entlarvte Mandantin doch noch zu retten, spielte bei dem Prozeß keine Rolle mehr. Feststeht: Die aufsehenerregende Schwurgerichtsverhandlung war durch die Angaben Alois Irlmaiers gegenüber der Gattin des Ermordeten ausgelöst worden. Ohne die hellseherische Begabung des Brunnenmachers wären die Hintergründe um den Tod Erhart Vogels unentdeckt geblieben.

Aufgeklärte Diebstähle

Um acht Tausender

„Einer Frau in Oberfranken war ihr gesamtes Vermögen von 8000 DM gestohlen worden. Sie hatte zwar eine andere Frau in Verdacht, aber keine Beweise. So wandte sie sich in ihrer Not an Irlmaier und entschloß sich zu der weiten Reise nach Freilassing. Irlmaier sagte ihr sofort: ‚Dein Geld hat keine Frau gestohlen, sondern ein Mann.' Dann beschrieb er den Dieb so genau, daß die Frau sofort wußte, wer gemeint war. ‚Der hat's gstohln, jetzt fahrst heim und sagst es ihm auf den Kopf zu, na kriegst dei Geld wieder!' Die Frau befolgte den Rat. Der Dieb, der eine große Familie zu ernähren hatte, gestand, daß er der Versuchung bei einer günstigen Gelegenheit erlegen sei und die Summe tatsächlich gestohlen habe. Er brachte den Geldbetrag zurück und bat flehentlich, von einer Anzeige abzusehen. Die Bestohlene erfüllte die Bitte, schickte aber gleich ein Danktelegramm und einen ausführlichen Brief nach Freilassing."

Vorkommnisse

Die gestohlenen Rohre

„Nach dem Krieg, als Geld nichts und Sachwerte alles waren, hatte sich ein Chiemgauer mit vieler Mühe Wasserrohre erworben. Eines Tages waren sie nicht mehr da. Er trifft den Alois, der seine Pfeife raucht und grad zum Brunnengraben ausrücken will. Da entwickelt sich folgendes Gespräch: ‚Alois, denk dir nur, hat ma so a Sauhund meine schöna Rohr gstohln, furt sans, dahi sans. Kannst ma net sagn, wo i s' suacha muaß?' ‚Des kann i scho', sagt der Irlmaier, ‚da gehst jetzt zum X in sein Stadel einhi, da steht a Wagn drin mit lauter Scheiter, a ganze Fuhr. Und wennst des Holz abgladn hast, na liegen deine Rohr da.'

Der Bestohlene besann sich nicht lange, holte sich als ‚Verstärkung' noch schnell einen Polizisten, und auf gings in die Scheune von X. Da stand richtig ein Wagen, hochbeladen mit Scheitern. Trotz der heftigen Proteste des Besitzers wurde das Holz abgeladen, und siehe da, die Rohre kamen zum Vorschein."

Der neue Wintermantel

„Weil sich diese Rohrgeschichte herumsprach, meinte ein Bauernbursch von Ainring, er könne wohl vom Alois erfahren, wo die zwei Militärwolldecken geblieben seien, die man ihm gestohlen hatte. ‚Damit's leichter geht', packte er einen Zenterling Geselchtes in seinen Rucksack und ging mit einem Kameraden zu Irlmaier. Der saß gerade im Wirtshaus vor einer Halben Bier. ‚Irlmaier, mir hamms was gstohln.' – ‚Ja, ja, sitz di nur her', sagte der Alois. ‚I woaß scho, des hast in dein Kasten drin ghabt, links unten is des Packl glegn. Du bist bein Tanzen gwen, dann bist mit oaner furt, und wiast hoamkemma bist und hast in dein Kasten neigschaut, war des Packl weg. Aber des kriagst nimmer. Du hast's selber hintenrum erworben, und die schwarze Kloane, die wo dirs gstohln hat, über die derfst aa nix sagn, du woaßt scho warum. Und dei Geselchts derfst aa wieder mitnehmen, des is vo dera schwarzen Sau, von der die Hälfte no in enkern Keller hängt. Du und dei Vater, ös seids ganz erstklassige Schwarzhändler! Die zwoa Decken san überhaupt scho beim Färbn in Salzburg, da laßt si de Kloane an Wintermantel davo macha. Also halts Mäu und geh wieder, pfüat de!' – Der verblüffte Fragesteller sagte kein Wort mehr, warf das Geselchte auf den Tisch und verschwand."

Der gestohlene Gaul

„In Freilassing erzählte man sich über Irlmaier noch andere Dinge. So von dem Bauern aus Bayerisch-Gmain, dem man ein Roß gestohlen hatte. Er kam zu Irlmaier und klagte ihm sein Leid. ,Ja, mei Liaber, da hast höchste Zeit', sagte Irlmaier ,der Roßmetzger wetzt scho sei Messer und will den Gaul abstechen. Jetz lauf, was d' kannst, damits d' no zrecht kommst!' Tatsächlich war das gestohlene Pferd beim Roßmetzger und sollte eben geschlachtet werden, als der Bauer eintraf. Hocherfreut zog der Bestohlene mit seinem Roß heimwärts."

„Hinter dem lockeren Ziegelstein"

„Niedergeschlagen und die Augen voller Tränen stand eine Flüchtlingsfrau aus Lichtenfels Irlmaier gegenüber, der einige Tage zuvor eine Summe von 6000 DM gestohlen worden war. Die Flüchtlingsfrau hatte das Geld im Fußballtoto gewonnen und bis zur endgültigen Verwendung in einem Mantelfutter aufbewahrt. Irlmaier, der die Frau sogleich beruhigte, konnte ihr die Mitteilung machen, daß er den Aufbewahrungsort der Geldsumme bereits sehe: Das Geld befände sich im Nachbarhaus in der Waschküche. Wörtlich sagte der Hellseher zu der Flüchtlingsfrau: ‚Fahr auf dem schnellsten Weg nach Haus – gehe ins Nachbarhaus – da wohnt ein Flüchtling mit 5 Kindern – zu dem gehst du hinein und forderst ihn auf, mit dir in die Waschküche zu gehen – da ist unter dem Waschkessel über dem Ofentürl ein lockerer Ziegelstein – diesen ziehst du heraus – da drin befinden sich deine 6000 DM.'

Voller Freude über diese Mitteilung fuhr die Frau mit ihrem letzten Geld, das ihr für diesen Zweck von der Caritas zur Verfügung gestellt worden war, nach Hause und befolgte den Rat Irlmaiers. Nach etlichem Sträuben ging der Nachbar mit der Flüchtlingsfrau in die Waschküche und mußte zu seiner großen Bestürzung feststellen, daß ihm die Frau auf den Diebstahl gekommen war. Er bat sie flehentlich um Verzeihung und ersuchte sie, von dem Vorfall der Polizei keine Mitteilung zu machen, da sonst seine Familie in größte Not geraten würde."

Die gestohlenen Autoreifen

Fast alle hier mitgeteilten Vorkommnisse und Ereignisse tragen den Echtheitsstempel der Not- und Sorgenjahre nach dem Zweiten Weltkrieg, so auch die folgende Begebenheit: Ein Herr H. (Abkürzung nach Adlmaier) wollte von Hellsehern gar nichts wissen. An solchen Schwindel glaube er nicht. Als man ihm aber die Reifen seines Lastwagens gestohlen hatte, fuhr er doch mit seinem Schwager zu Irlmaier. Schaden konnte es ja nicht.

„Der Irlmaier wußte weder, wer wir waren", erzählte Herr H., „noch wußte er, was mich zu ihm geführt hatte. Noch ehe ich ein Wort sagen konnte, erklärte er mir: ‚Dir hat man an deinem Lastwagen Reifen abmontiert. Vier sind's! Wenn sie nicht gestört worden wären, hätten sie die restlichen auch noch mitgenommen. Ich sehe den Wagen stehen in einer Sandmulde. Warum hast du deinen Wagen nicht in der Garage? Er steht auf drei Füßen ganz unten am Boden. Ein umgebauter Personenwagen war es, der deine Reifen fortbrachte. Von der Leiten her ist der Diebeswagen angefahren und nicht von der Straße, wo nach Spuren gesucht wurde.' Hierauf folgte die genaue Beschreibung der Diebe: ‚Der eine ist ein Steirer. Kriegen tust du deine Reifen nicht mehr. Einen hat er vertauscht gegen Lebensmittel, die anderen liegen unterm Heu in einem Stadel versteckt. Mit diesen können die Diebe nicht viel anfangen; sie sehen nur äußerlich gut aus, taugen aber nicht mehr viel. Beim Reifen vom linken Hinterrad hast du einen Steindurchschlag.' – Auch diese geringfügige Einzelheit stimmte. Sogar die Personenbeschreibung, die Orts- und Verwandtschaftsbeziehungen der beiden Diebe, die Irlmaier nachschob, waren richtig getroffen."

Der Wassersucher

Atelier in der Sommerau

Irlmaier wurde zum Wassersuchen auch einmal in die Sommerau hinter Ramsau gerufen. Will Klinger-Franken, der Maler des Landes zwischen Inn und Salzach, wollte dort ein Atelierhaus errichten. Irlmaier verhinderte, daß das Haus in eine liebliche, geradezu einladende Mulde gebaut wurde; er schlug als Standort einen Wiesenbuckel unweit daneben vor. Zwei Jahre nach Fertigstellung des Hauses rauschte durch die Mulde unvermutet ein strudelnder Gebirgsstrom, der alles mit sich fortriß, Bäume, Sträucher, Hütten und Felsbrocken. Irlmaier hatte mit seinen feinfühligen Händen einen unterirdischen See gespürt. Der Wasserspiegel war gestiegen und gestiegen, bis der angesammelte See überlief und sich oberirdisch ins Tal ergoß.

Besuch aus dem Allgäu

Schließlich hatte Irlmaier wieder Zeiten, in denen er ganz scheu wurde und unbewußt von Dingen redete, sie manchmal nur andeutete oder auch mitten im Satz betroffen abbrach. Ein andermal redete er selbstsicher drauf los, deutete etwa einem Bauern aus dem Allgäu, der mit einem Geländeplan zu ihm gekommen war, um anzufragen, wo er Wasser finden könnte, auf eine bestimmte Stelle des Plans und erhielt später eine Postkarte mit der Bestätigung, daß man das Wasser haargenau auf diesem Fleck gefunden habe. Der Erfolg stellte sich, wie damals bei der Äbtissin aus Argentinien, immer noch ein.

Vorkommnisse

Die unheilvolle Wasserader

„Ein Bahnbeamter hatte sich irgendwo in Oberbayern (vermutlich in der Gegend von Perlach) ein Häuschen gebaut und geheiratet. Im vergangenen Krieg war ihm ein Unterschenkel amputiert worden. Er trug eine Prothese, die aber so gut saß, daß nicht einmal seine Freunde etwas davon wußten. Seine Frau kränkelte, und alle Mittel der Schulmedizin, die die Ärzte anwendeten, halfen nicht. Bekannte wiesen ihn auf Irlmaier hin. Über diese Begegnung erzählte er dann:

Wie ich hineinkomme in seine Kabine, Zimmer kann man nicht sagen, weil die Hütte so klein ist, sagt der Irlmaier: ‚Da setz dich her, brauchst mir gar nichts sagen, ich weiß schon, warum du kommst. Deine Frau ist krank.‘ Dann beschreibt mir dieser Mann, den ich in meinem Leben zum ersten Mal sehe, mein Haus so genau mit allen Einzelheiten, daß ich einfach baff bin. Er sagt mir, daß Wasseradern unter dem Haus durchgehen, daß in unserem Schlafzimmer jedenfalls das Bett meiner Frau über einer solchen Ader stehe. Wenn er nach München komme, werde er die Gelegenheit benützen, um mir das mit der Rute zu beweisen. ‚Ihr müßts das Bett anders aufschlagen‘, sagte dieser seltsame Mann, ‚dann wird's bei deiner Frau gleich besser gehen.‘ Ich bedankte mich bei ihm. Dann kamen wir auf die Zukunft zu sprechen. Irlmaier bestätigte mir wieder, was ich schon von anderer Seite gehört hatte, daß er ein schreckliches Ereignis voraussehe, das mit einem Zusammenstoß feindlicher Heere enden werde. Und er sagte ferner, daß alle Männer bis zu einem gewissen Alter dann gemustert würden; zum Einsatz käme freilich keiner, weil alles so schnell ginge. Um den Seher auf die Probe zu stellen, fragte ich ihn: ‚Wird's mich auch erwischen, weil ich ja noch nicht die Altersgrenze erreicht habe? Werde ich dann auch gemustert werden?‘ Der Seher meinte auf meine Frage: ‚Ja, ja mustern tuns dich schon, aber was willst denn mit deinem künstlichen Haxen, dich könnens nicht mehr brauchen! Fahr nur wieder heim, ich komm sowieso einmal zu dir. Dann schauen wir nach wegen der Wasserader.' Verblüfft fuhr ich heim und erzählte meiner Frau alles. Wie es so geht: das Umstellen der Betten verschoben wir, aber in dem Bett meiner Frau schlief einstweilen meine Schwägerin, während wir selbst in einem anderen Zimmer unsere Liegestatt aufschlugen. Es dauerte nicht lang, bis nun meine Schwägerin über alle möglichen Schmerzen zu klagen anfing, sich über unruhigen, schlechten Schlaf beschwerte und schließlich doch zu der Überzeugung sich bekehrte, daß der Irlmaier wirklich nicht unrecht gehabt habe mit seiner Meinung über die Wasserader. Die Schwägerin hatte nämlich die ganze Sache als ein Hirngespinst betrachtet und nicht daran geglaubt.

Eines Tages kam Irlmaier dann zu uns und zeigte mit seiner Rute und einem Stück Kreide genau an, wo die Wasserader lief. Wir überzeugten uns, daß seine Aussage genau gestimmt hatte. Er sagte uns noch mehr. ‚Da hast einen Kühlschrank, gell, da hast alle Augenblick Reparaturen, die Sachen verderben. Und da hast eine Klingelanlage mit einer Batterie. Wie oft ist denn die Batterie hin? Gell, alle vier Wochen mußt den Installateur kommen lassen, und keine Batterie hält dir aus. Weißt auch warum? Da schau her, dein Eisschrank steht direkt über der Wasserader und die Batterie für deine Klingelanlage hast auch in dieser Wasserader drinnen.

Und wenn ihr das Bett nicht anderswo hinstellt, dann muß deine Schwägerin ins Krankenhaus und bleibt immer wieder kränklich und schmerzgeplagt.'

In dem Haus am Hachinger Bach (der bekanntlich nach seiner Versickerungsstelle unterirdisch weiterströmt) haben sie dann, wie Irlmaier vorschlug, einiges umgestellt. Seitdem ist Schluß mit den beschriebenen Beschwerden. Auch die Reparaturen haben aufgehört."

Vorkommnisse

Nicht unbeeindruckt resümiert Conrad Adlmaier:
„Irlmaier, der schlichte, ungelernte Arbeiter, ein Brunnenbauer ohne medizinische Vorbildung, behauptet, daß die Wirkung eines unterirdischen Wasserlaufes je nach Beschaffenheit des Flußbetts für die länger an diesem Platz verweilende Person schädlich ist und eine Krankheit begünstigt. Er ist jederzeit bereit, dafür den Beweis anzutreten. Hunderte von Fällen kann er anführen, die seine Behauptung stützen. Er weist darauf hin, daß eingemachtes Obst und Konserven an Plätzen über Wasseradern oft verderben, er behauptet, Taschenlampenbatterien seien dort rasch verbraucht, auch Radioapparate an solchen Orten hätten größere Störungen aufzuweisen als anderswo. Wenn solche Sachschäden wirklich auftreten, dann ist es allerdings einleuchtend, daß auch der menschliche Körper auf Wasseradern anspricht."

AUSSAGEN

Alois Irlmaier wurde nicht zuletzt wegen seiner Hilfsbereitschaft und seines einfachen Wesens weit und breit bekannt. Für die Treffsicherheit seiner Begabung gibt es viele Zeugen. Einige besonders hilfreiche Aussagen seien hier zusammengefaßt. Um den chronologischen Ablauf zu gewährleisten, muß in der Zeit noch einmal zurückgegangen werden, bis zum Jahr 1933.

Heinz Waltjen, örtlicher Heimatpfleger von Rabenstein bei Zwiesel, hatte mehrere Begegnungen mit Irlmaier. Er erinnerte sich daran in einem Gespräch mit dem Verfasser am 24. Juli 1975. Der genaue Wortlaut seiner bewegenden Erzählung, die auf Tonband festgehalten wurde, ist im Schallarchiv des Bayerischen Rundfunks auf dem Dokumentarband „Waltjen" jederzeit nachprüfbar:

„Das wird so gegen 1933 gewesen sein. Da hab ich einen Pachthof gehabt in Arlaching am Chiemsee bei Seebruck. Und da war eine Wiese, eine hängige Wiese gegen die Höhe hin. Ich erhoffte mir, daß Wasseradern drin sind, um das Hofwasser, das bei mir in heißen Sommern immer zuwenig geworden war, zu vermehren. Und da hab ich rumgefragt: Habt ihr irgendeinen Wassersucher in der Gegend? – Na ja, da gehst zum Irlmaier nach Freilassing, der kann das, da kann es keiner so gut. – Und da habe ich dann hingeschrieben, und da ist er mit dem Fahrradl eines Tags gekommen und hat sich die Sache angeschaut und hat gesagt: Ja, das mache ich schon, und da bau ich nachher gleich den Brunnen aus, faß also das Wasser und leite es ab in den Stall hinein, oder bis dahin, wo Sie es haben wollen; das mach ich alles im Ganzen. – Und da hat er nachher ang'fangt, und ist also gekommen in der Früh', wieder mit dem Fahrradl. Da hab ich gesagt: Ja, Irlmaier, gehn wir jetzt los? Sagt er: Ja, jetzt gehn wir los.

Aussagen

– Da sag' ich: Ja, haben Sie gar keine Rute, keine Weidenrute zum Wassersuchen? Sagt er: Ach, das brauche ich doch gar nicht. Sag' ich: Das brauchen Sie nicht? – Da hat er gesagt: Na, na, ich spreiz' bloß meine Finger aus und die Händ' halt' ich vor mir, und dann tapp ich schön langsam weiter, und dann spür ich es in den Fingern schon, wenn was los ist, wenn da drunten Wasser kommt. Aber wenn Leut' mitlaufen, die gern was sehen möchten, weil die das ja nicht spüren in die Händ', dann nehm ich irgendeine Weidenrute oder, wenn die grad nicht das ist, dann nehm ich einfach einen Draht, den nächstbesten, der umeinanderliegt, da tu ich ein Stückl davon weg und mach eine Schleife.

Und da ist er dann mit der Schleife los, damit ich was sehe, wenn er damit über die Wiese geht. Und mir hat er befohlen: Ich soll einen ganzen Arm voller Steckerl, so kleine von einem Busch, die soll ich mir herrichten, so 40, 50 cm lang, und die tut er dann immer da neinstecken, wo er fündig ist in der Wiesn. Und da hat er eben einmal angefangen, ist dann sehr bald über eine Wasserader gekommen, seine Drahtschlaufe ist gerade so umeinanderg'hupft, und da mußte ich ein Steckerl hineinstecken, und dann ist er im Kreis um das Steckerl rumgegangen, dann hat er gleich zwei und drei hineingesteckt; den Einfluß und den Ausfluß aus diesem Kreis hat er auch gehabt. Und so haben wir in kurzer Zeit, wo eine Wasserlinie unterirdisch – nicht sichtbar – geflossen ist, entdeckt gehabt.

… Dann hat er wieder, wie wir unser Wasser gehabt haben, gesagt: So, jetzt möcht' ich doch einmal den ganzen Zaun außen von Ihrer Wiese abgehen, ob da vielleicht noch eine Ader ist, die wir noch mit dazu nehmen können.

Aussagen

Da ist er also wieder zugegangen. Auf einmal schlägt die Rute an, und er bleibt stehen und macht so ein dummes Gesicht und schmeckt so mit der Zunge, tut immer das Zungenspitzerl ein bisserl heraus. Sag ich: Was haben Sie denn, was ist denn los? Ja, sagt er: Ja, da ist Metall im Boden. Hab ich gesagt: Ja, Herrschaft, haben Sie vielleicht gar einen Goldschatz gefunden dort unten? Das wär ebbs! Den teilen wir uns, wenn er rauskommt! Sagt er: Na, na, na, das ist – ja, ich glaube leider nicht. Und guckt so umeinander, und da sieht er eine Hochspannungsleitung, die vielleicht in 40, 50 Metern vorbeigeht, und da sagt er: Ach die hätt' ich doch gleich sehen können. Das ist die Erdung von dem hohen Mast da droben, die haben wir da gefunden. Den spür ich, wenn ich drüberlaufe, diesen Draht.

Und dann sind wir abends noch oft beieinander gesessen, und ich hab ihn gefragt: Es sind ja die Gelehrten alle hinter Ihnen her, daß Sie denen was von Ihren Begabungen und Künsten vorzeigen können.

Sagt er: Ja, ja, sie haben mich einmal in ein Flugzeug hineingesteckt. Da ist einer mit dem Geigerzähler danebengesessen, und da haben wir feststellen müssen, bei einem Wasserlauf, einem Bogen im Wasserlauf, ob die Strahlungskräfte des fließenden Wassers nach außen abweichen oder nach innen in den Bogen, und wie hoch und wie stark. Und da ist der Hubschrauber also in 40 Meter Höhe drübergeflogen, dann in 80 und 120 Meter Höhe und so immer wieder zurück. Ein anderer war mit der Karte da, und es wurde festgestellt, wie die Strahlung verläuft. Und da hätt er 50 Markl gekriegt, sagt der Irlmaier. Das hätt ihn schon gefreut.

Aber er macht solche Geschichten nicht gerne, denn lieber tut er Wasser suchen.

Dann sind wir über alles mögliche zu sprechen gekommen, und da hat er gesagt: Ja, oh mei, wenn ich den Ärzten erzählen tät, was ich kann, dann würden die mich ja auch piesacken und belästigen. Ich kann zum Beispiel ohne weiteres sagen, ob einer krank ist, wenn ihm was fehlt.

Sag ich: So? Ja, was ist mit mir, bin ich vielleicht krank? Sagt er: Ausschaun tust recht gesund; aber wenn Sie wollen – Und da ist er aufgestanden, vor mich hingetreten, hat die Finger in 15, 20 Zentimeter Abstand von mir, vom Kopf angefangen, in die Luft gehalten und hat mich abgetastet, ohne mich zu berühren, also Kopf und Brust und Bauch und alles. Da hat er keine Beanstandung gehabt. Hat immer so weitergemacht. Und dann kam er herunter zu meinem rechten Oberschenkel. Da hat er gesagt: Ja, da haben Sie einmal einen Beinbruch gehabt, gell? Sag ich: Na, ich hab keinen Beinbruch nicht gehabt. Ich hab ihn hinters Licht führen wollen. Da hat er weitergetappt, bis unten an die Waden und an die Füße, ist dann wieder heraufgegangen und ist dann noch einmal sehr langsam und sorgfältig an diese Stelle gekommen. Dann hat er gesagt: Da ist was gewesen, da haben Sie etwas gehabt, das machen Sie mir nicht weis! Sie haben den Haxen doch einmal gebrochen und mögen es nicht sagen! Na, sag ich, Irlmaier, den Haxen hab ich nicht gebrochen, aber einen Schuß hab ich heut noch drin, einen Granatschuß vom Jahr 15, da ist noch ein Trumm Splitter drin.

Der Irlmaier hat das durch meine Kleider und durch alles hindurch gefunden!"

Norbert Backmund bestätigt die Aussage von Heinz Waltjen:

„Ich hab sehr viel mit Augen- und Ohrenzeugen gesprochen, die seine Sachen erlebt haben, ganz erstaunliche Dinge. Er konnte in ein leeres Zimmer gehen, wo man alles herausgeräumt hat, dann hat er genau gesagt, wer da drin wohnt und was die Leute für Krankheiten haben. Er hat diese Leute nie gesehen, wußte auch nicht, wer sie waren."

Heinz Waltjen fährt in seiner Erzählung fort:

„Er hat mich so wissend angeschaut oft, bedenklich und gedankenvoll hat er mir in die Augen geschaut, nett, freundlich, nicht fixierend und kritisch, sondern beobachtend. Wenn er einen so mit seinem ruhigen, eindringlichen, aber nicht fordernden Blick betrachtet hat, dann war man innerlich tief angesprochen von der Güte dieses einfachen Menschen, der mehr konnte und wußte, als er von außen erkennen ließ ... "

Was alle Menschen, die den Wassersucher damals und später kennenlernten, besonders beeindruckte, waren seine Augen. *Conrad Adlmaier* erinnerte sich:

„Über die Augen dieses Brunnenbauers könnte man allerhand sagen. Wer sie gesehen hat, mußte den Eindruck gewinnen, sie seien etwas zu groß. Daß sie fast durchdringend wirkten, konnte man bei seinen Gesichten häufig beobachten. Selbst an der Leiche Irlmaiers waren diese Augen noch halb geöffnet, als blickten sie in jene ewigen Fernen, die den Irdischen verschlossen sind. Wenn sich der Hellseher konzentrierte, nahm der Blick etwas Stechendes an. Gewöhnlich blickte Irlmaier über die Herzseite zu Boden, wenn er etwas sah. Dann nahm seine Stimme einen singenden Ton an, er sprach auch nicht mehr seinen sonstigen unverfälschten Chiemgauer Dialekt, sondern in einer etwas gehobenen Sprache, die seltsam klang."

Aussagen

Ähnlich empfindet es der Sohn, Rechtsanwalt *Siegfried Adlmaier* von Traunstein. Als junger Mensch – es war im Jahr 1953 – fuhr er einmal mit seinem Vater und Irlmaier nach Passau zur „Lang-Mutter", einer alten Bekannten. Dort hatte er schon öfter ein Fotoalbum betrachtet, in das viele Fotos von Soldaten aus dem Verwandten- und Bekanntenkreis eingeklebt waren. Aus Gesprächen mit der Tochter und einigen Bekannten wußte er um das Schicksal der Abgebildeten. Er erinnerte sich in einem am 14. April 1989 wörtlich aufgezeichneten Gespräch mit der Rundfunkjournalistin Rosemarie Raab:

„Jetzt wußte ich, obwohl ich die Leute selber nicht gekannt hab, deren Schicksale aus den Erzählungen der Lang-Mutter, ihrer Tochter und ihrer Freundinnen. Und da war einer dabei, von dem ham sie gsagt, dem hat's bei einem Granatwerfervolltreffer den halben Kopf weggerissen. Des is mir natürlich im Gedächtnis geblieben. Und wie wir so am Tisch da gsessn san, hab ich mir gedacht, jetzt möcht ich amal sehen, was an diesen Prophezeiungen dran is, und da hab ich ihm (dem Irlmaier) zerscht a paar andere Fotos gezeigt, und dann dieses Foto. Und hab gsagt: Lebt der no? Und dann hat der Irlmaier das Foto angesehen und dann hat er an Kopf auf die Seite gedreht und die Hand so vors Gesicht ghalten und hat gsagt: Da kann i gar nimma hinschaun, so a greisliche Verletzung hat der! Na hab i gsagt: Ja, lebt er no? Na hat er gsagt: Awo, der hat a fürchterliche Verletzung am Kopf."

(Dem Verfasser gegenüber bestätigte der Rechtsanwalt am 16. Januar 1990:

„Er hat net gsagt: Am Fuaß oder an die Händ, nein, obwohl er das Bild vorher nie gesehen hat, sagte er: am Kopf.") „Und dann hab ich ihn weiter gefragt, woran er kennt, daß der nimma lebt. Na hat er gsagt: Er sieht den in so Schleiern. Also wia so Nebelschleier."

Aussagen

Der Rechtsanwalt ergänzte dann das Urteil seines Vaters über Irlmaiers Augen:

„Das Merkwürdige waren seine Augen. Das war überhaupt das Interessanteste und Merkwürdigste an ihm: ganz komische (seltsame) Augen, die ich nie wieder bei einem andern Menschen gesehen hab. Diese Augen waren, besonders wie er das Foto angschaut hat, und wie er dann kurz hergschaut und sich dann die Hand vors Gesicht ghaltn hat, die waren, wie soll ich sagen, so abwesend, ganz abwesend, nicht konzentriert, wie es ist, wenn man sich gegenseitig ansieht, nein, diese Augen waren ganz merkwürdig irgendwie ins Leere gerichtet oder abwesend. Es ist schwer zu beschreiben."

Im Laufe des erwähnten Gesprächs mit Rosemarie Raab ging der Traunsteiner Rechtsanwalt näher auf seine damaligen Eindrücke ein:

„Das ist vielleicht auch charakteristisch am Irlmaier gewesen, daß er nie, was an sich nahegelegen wäre, gsagt hätt: Gell, da schaugst?!! Oder ähnlich. Er hat sich nie gebrüstet. Des is alles ganz natürlich gekommen. Ich möchte überhaupt sagen, daß der Irlmaier nach meiner Erinnerung äußerlich ein völlig unauffälliger Mann war, der ganz normal dahergeredet hat, der lustig war, der Humor ghabt hat, und der sich nie gebrüstet hat: er ist immer ganz normal zur Tagesordnung übergegangen. Wenn er nicht diese merkwürdigen Augen ghabt hätt! Des hat ihn allerdings herausgehoben. Ich hab wie gsagt nie wieder einen Menschen gsehn mit solchen Augen. Aber sonst, in seinem ganzen Auftreten, in seinem Äußeren war des ein ganz normaler, i möcht sagen – ein Bauernmensch. Der wäre einem überhaupt net aufgefallen."

Siegfried Adlmaier fuhr fort:

„Der Irlmaier war, i möcht sagen, ein recht humorvoller Mensch. Ich weiß das aus verschiedenen Bemerkungen. Wia mir da nuntergefahrn san, wir ham dann amoi in an Gasthaus a Pause gmacht auf der Fahrt nach Passau.

Aussagen

Dann hat ihn die Wirtin erkannt; und da hat er sich der Wirtin gegenüber in einer äußerst lustigen, humorvollen Weise benommen. Nicht, daß man jetzt gemeint hätte, er wär schwermütig herumgegangen oder so. Allerdings hat er schon, wenn ich mich recht erinnere, zum Ausdruck gebracht, daß ihn diese ganze Sache irgendwie belastet: Also, er war nicht glücklich. Ein anderer tät vielleicht sagen: Mensch, pfundig, i kann in die Zukunft schaun! Ich kann in die Vergangenheit schauen! So war es absolut nicht. Er hat einmal gsagt, daß ihn das manchmal sehr bedrückt, bsonders wenn Leute gekommen sind – da sind ja viele Frauen nach dem Krieg zu ihm gekommen, deren Manner vermißt waren oder die momentan keine Verbindung ghabt ham mit ihnen. Wenn er dann gesehen hat, daß diese Männer tot waren, dann war das fürchterlich für ihn, und er hat es dann irgendwie umschrieben, um den Frauen nicht gar zu weh zu tun."

Auch die Frau des ehemaligen Traunsteiner Landgerichts-Direktors Wilhelm Wintergerst fragte Alois Irlmaier nach ihrem seit Kriegsende vermißten Mann. Wilhelm Wintergerst erinnerte sich im April 1988:

„Zu meiner Frau hat er gesagt: ‚Du brauchst dir keine großen Sorgen um ihn machen, er lebt, und zwar in einer weißen Stadt am blauen Meer; und er redt den ganzen Tag in einer fremden Sprach'. Es geht ihm gut, aber dir geht es nicht so gut. Er kommt bald heim. Ich sehe euch in einem schönen Garten. Ihr werdet noch einen Sohn bekommen und mit ihm viel Freude erleben. Kümmer dich jetzt um dich selbst.' Nun die Erklärung: Ich war zu dieser Zeit Kriegsgefangener in der französischen Hafenstadt Marseille und habe dort als Dolmetscher gearbeitet."

(Marseille erscheint in der Sonne weiß, das Meer leuchtet blau; die Bezeichnung „Côte d'Azur" drückt es aus. Wintergerst war Dolmetscher bei den Amerikanern und redete den ganzen Tag über englisch.)

„Nach der Gefangenschaft kehrte ich heim zu meiner Frau; wir bekamen einen Sohn, der heute Zahnarzt ist, und auf den wir beide sehr stolz sind."

Ein beredtes Zeugnis über die erstaunlichen Psi-Fähigkeiten (Psi-Phänomene, laut Kleinem Brockhaus: „Parapsychologie: Erscheinungen der ‚außersinnlichen Wahrnehmung' und der Psychokinese") des Brunnenbauers Alois Irlmaier stellt ein nachfolgend wiedergegebener (erstmals in der Erstauflage des Buches „Das dritte Weltgeschehen" veröffentlichter) Brief des FDP-Politikers und Unternehmers *Peter Utz* aus:

5. Jan. 1980
„Lieber Herr Bekh!
Ich habe Irlmaier selbst nicht gekannt, aber mein Vater, Hans Utz, der Landtagsabgeordneter und Landesgeschäftsführer der Bayernpartei war und viel in Bayern herumkam und viele Leute kannte, kam öfters mit Irlmaier zusammen, der ebenfalls ein überzeugter bayerischer Patriot war.
So hat Irlmaier meinem Vater gegenüber geäußert, in Bayern gebe es sehr viele Bodenschätze, er sehe sie ganz deutlich unter der Erde, aber er verrate nichts, denn es sei besser, die blieben liegen, bis Bayern wieder selbständig sei, woran er offensichtlich geglaubt hat.
Bevor ich über das Weitere berichte, das mir mein Vater aus seinem eigenen Erleben mit Irlmaier erzählt hat, muß ich vorausschicken, daß mein Vater ein äußerst realistischer, skeptischer Mann war, der an keinen Hokuspokus glaubte und sich kein X für ein U vormachen ließ.
Aber mein Vater hat es mit eigenen Augen gesehen, daß Irlmaier mit einem normalen Seiher, über den er die Hand hielt, Wasser aus einem Brunnen schöpfte. Das Wasser blieb im Seiher, solange Irlmaier die Hand darüber hielt, und floß durch, sobald er die Hand wegzog. Irlmaier, der ganz hellblaue Augen hatte, spürte Wasser körperlich. Er fand jede Wasserader und sagte genaue Tiefe und exakte Stelle und

*Ergiebigkeit voraus. Er war der einzige Wassersucher, der
Garantie für seine Angaben übernahm und bereit war, die
Kosten für einen vergeblichen Brunnenbau zu übernehmen,
was jedoch, soweit ich weiß, nie nötig war.
Papa hatte auch einen guten Bekannten und Parteifreund in
Weilheim namens St. Dieser war ein reicher
Omnibusunternehmer. Ich kann mich selbst noch erinnern,
daß mich als kleinen Buben seine kunstvoll gestickten
Bundlederhosen und vor allem sein kunstvoller Kachelofen
beeindruckt haben. Die Kacheln waren handgemacht und
zeigten in etwa vierzig Reliefbildern die Lebensgeschichte des
Herrn St. Der reiche Mann hatte alles, was man sich vorstellen konnte, was uns so kurz nach der Währungsreform als
Wunder erschien. Dennoch war St. nicht zu beneiden, denn er
hätte so gerne einen Sohn und Nachfolger für sein Geschäft
gehabt, hatte jedoch nur eine geistig behinderte Tochter, die
nicht einmal reden konnte.
Da Irlmaier auch schon einmal Kranken geholfen hatte, die
beispielsweise von Kopfweh geplagt waren, indem er feststellte,
daß deren Bett über einer Wasserader stand, und nachdem
kein Arzt die Krankheit der St.-Tochter heilen oder erklären
konnte, bat St. meinen Vater, Irlmaier mitzubringen. Dieser
war vorher von meinem Vater über den Grund der Sorgen
und das Problem nicht aufgeklärt worden. Als sie mit St. in
dessen Wohnstube sprachen, war auch die Tochter nicht
zugegen.
Mit monotonem Singsang sprach Irlmaier, die Augen in weite
Ferne gerückt:
'Um dei' Tochter geht's! Du brauchst nix sagn,
vor zwanzig Jahr is' passiert, i siehg's genau,
und schuld is dro a Frau.
Am Friedhof liegt s', das fünfte Grab, die dritte Reih!'
Als man nachsah, wer in dem Grab liegt, stellte sich heraus,
daß dort die Hebamme zur Ruhe gebettet war, die zwanzig
Jahre zuvor die Entbindung vorgenommen hatte.
Irlmaier aber, von seinem Gesicht zurückgekehrt, wußte von*

dem nichts mehr, was er gesagt hatte, und konnte auch keine weiteren Auskünfte und Erläuterungen geben.
Mit herzlichen Grüßen

Ihr Peter Utz"

Als Nachbemerkung zu diesen ganz und gar unglaublichen Mitteilungen mag eine Klarstellung nötig sein: Peter Utz ist kein Phantast, sondern ein solider Unternehmer und erfolgreicher Kommunalpolitiker in Eldering, Landkreis Erding. Immerhin bemerkenswert sind Irlmaiers Worte über Bayerns in der Zukunft wiedererlangte Selbständigkeit; im Zusammenhang mit den zum Zeitpunkt der Entstehung dieses Buches eingeleiteten mitteleuropäischen Umwälzungen scheint sie zumindest nicht mehr unerreichbar. Was das als zuverlässig mitgeteilte Seiher-Experiment angeht, könnte es, falls überhaupt eine Erklärung möglich ist, diese nahelegen: Nicht nur übte Wasser auf Irlmaier eine überstarke, ziehende Kraft aus, er zog umgekehrt auch das Wasser an. Anders ist der von Utz dokumentierte „Schwebezustand" schwerlich deutbar. Aber nicht allein Wasser teilte sich Irlmaiers Händen mit: Peter Utz gibt in seinem Bericht Aufschluß darüber, daß Irlmaier ebensogut Vorkommen von Bodenschätzen (Erdöl, Erdgas, Kohle und Erz) fühlte. Wie im steirischen „Eisenärz" mit seinen Schlackenbädern, Hochöfen und Eisenhändlern, war auch in der Gemarkung des oberbayerischen Eisenärzt an der Weißen Traun Eisen gefunden und verarbeitet worden. Schon in seiner alten Heimat mögen sich ihm nicht nur Wasseradern, sondern auch Erzflöze mitgeteilt haben.

Nach Irlmaiers „Aufstieg" zum wohl berühmtesten Hellseher seiner Zeit gibt der an dieser Entwicklung nicht ganz unbeteiligte *Conrad Adlmaier* in seiner Broschüre aus dem Jahr 1950 einen aufschlußreichen Einblick in Irlmaiers bedrängte Lage:

„Wir bitten den Leser um so viel Einsicht, daß er sich

nicht denkt: ‚Holla, da haben wir ja einen Zukunftskünder, also los mit Fragen, mit Briefen, mit Besuchen.' Irlmaier ist mit seiner seltsamen Gabe nicht glücklich. Er bricht zusammen. 1500 Briefe sind ungeöffnet seit Monaten in seiner Bude aufgestapelt, Hunderte und Aberhunderte von Besuchern sind ergebnislos nach Freilassing oft weither angereist. Sie mußten wieder umkehren."

Im Widerspruch dazu steht freilich Adlmaiers Hinweis:

„Wer sich ... auf dem laufenden halten will, den verweisen wir auf die in Traunstein erscheinende Zeitung ‚Traunsteiner Nachrichten', welche regelmäßig unter der Rubrik ‚Erlebnisse um Irlmaier' in bestimmten Zeitabständen berichtet."

Wenig hilft es, wenn er fortfährt:

„Der Verfasser verbürgt sich für die Wahrheit der einzeln angeführten Tatsachen; sie wurden zum Teil bis in kleinste Einzelheiten nachgeprüft. Mit peinlicher Genauigkeit wurde alles gesiebt. Was zum Beispiel auf natürliche Weise erklärbar wäre, schied aus."

Auf die Rückseite des Schutzumschlags muß der Herausgeber in letzter Minute wieder einen höchst gegensätzlichen Hinweis drucken lassen:

„Auf Ersuchen des Herrn Alois Irlmeier (sic!) in Freilassing bitten wir alle Leser dieses Büchleins, weder einen Brief an Irlmeier abzusenden, noch den Versuch zu machen, ihn persönlich zu sprechen. Herr Irlmeier ist nicht mehr in der Lage, irgend jemand zu empfangen. Er will nur noch seinen Beruf als Brunnenbauer und Wassersucher ausüben. Auch der Verfasser dieser Broschüre kann keine Briefe mehr an Herrn Irlmeier weiterbefördern."

Obwohl Irlmaier seine berufliche Tätigkeit als Brunnenbauer schon um der notwendigen Einkünfte willen nicht vernachlässigen durfte, ließ er sich immer wieder herbei, von seiner Gabe Gebrauch zu machen. Er konnte einfach nicht anders. Immer lag die Ursache in seiner Hilfsbereitschaft. Mit dem, was er hatte, war er freigebig.

Meistens half er ganz spontan und wie nebenbei. Was Irlmaier sah und wußte, konnte er nicht verschweigen. Wenn er oft genug dem physischen Zusammenbruch nahe war, lag die Schuld in seiner eigenen Inkonsequenz. Er *mußte* den Menschen – wie im nachfolgenden Bericht des Bauern Hans Stahuber mitgeteilt – helfen, oder sagen wir schlichter: behilflich sein. Erst gegen Ende seines Lebens versagte er sich. Darauf soll noch eingegangen werden.

Bericht des Bauern *Hans Stahuber* von Reisachöd bei Großhöhenrain

26.12. 1989

"Sehr geehrter Herr Wolfgang Johannes Bekh!
Ich versuche es so genau zu schreiben, wie mir das nach ca. vierzig Jahren noch möglich ist. Damals war in unserer Tageszeitung, die aus Rosenheim kam, eine Fortsetzungsserie über Irlmaier erschienen. Ich habe die Zeitungen heute noch irgendwo aufbewahrt. Durch diese Zeitungsberichte wurde Irlmaier auch bei uns heroben bekannt. Es trugen sich nun folgende Ereignisse zu:
In der Molkerei Bichler in Feldkirchen wurde mehr oder besseres Wasser gebraucht. Zu dieser Molkerei lieferten auch wir unsere Milch. Bichler war zu uns verwandt. Bichler holte den Brunnenmacher Irlmaier für die Wassersuche und den Brunnenbau. In der Zeit, als Irlmaier bei Bichler arbeitete, wurde in der Bäckerei und Konditorei Huber, ebenfalls Feldkirchen, eine goldene Uhr gestohlen. Das war damals ja eine Kostbarkeit. Huber verständigte die Polizei, und bei dieser Sache wurde der Lehrling vom Huber ganz arg verdächtigt. Der Lehrling weinte und beteuerte immer wieder, diese Uhr nicht gestohlen zu haben. Irgend jemand sagte dann, der Irlmaier ist doch beim Bichler vorn, fragts doch den einmal. Die Polizei sagte darauf: Gut, fragen wir den Irlmaier ein-

mal. Auch ihnen war Irlmaier durch die Berichte in der Zeitung bekannt. Irlmaier sagte, nachdem ihm die Polizei den Fall geschildert hatte: Dieser Bub ist unschuldig, aber gehts amal zur Hauptstraße vor, da kommt ein junges Mädl mit dem Radl daher; sie hat die Uhr dran. Die Polizei ging daraufhin zur Straße vor, und es fuhr ein 19 Jahre altes Mädel mit dem Radl daher und hatte tatsächlich diese Uhr bei sich. Auf die Frage, wo sie diese Uhr her habe, sagte sie: Die hat mir mein Verlobter geschenkt. Dieser Verlobte war Geselle bei Huber. Wie es weiter ging, ob der Mann bestraft wurde, weiß ich nicht. Ganz genau wie ich es beschrieben habe, hat sich dieser Fall bei uns zugetragen.
Ich möchte Sie bitten, den Namen des Bäckers nicht zu erwähnen. Ich möchte nicht, daß der Uhrendieb oder seine damalige Verlobte nach vierzig Jahren noch ins Gerede kommen, falls sie noch leben. Ich habe die zwei nicht gekannt. Gekannt habe ich aber den alten Bichler und den jetzigen Bäcker (das ist der Sohn vom alten Bäcker).
Mit freundlichem Gruß

       Hans Stahuber mit Familie"

(Der Name des Bäckers wurde wunschgemäß geändert.)

Johann Hönegger, Pfarrer und Geistlicher Rat in Anthering, erinnert sich

22. April 1990

„Im Jahr 1950 kam ich als Kooperator nach Adnet bei Hallein. Mein erster Posten! Neben der Jugend nahm ich mich auch der Männer und Frauen an. Bei so einer Männerrunde kamen wir auf Erdstrahlen, Wasseradern, etc. zu sprechen, auch auf versteckte menschliche Fähigkeiten, die nur ‚verdeckt' sind, deren Anlage aber in jedem Menschen steckt. So kamen wir auf Irlmaier, weil dieser auch ein

Wasser- und Strahlensucher sei. Der Hupfaufbauer senior sagte da: ‚Der Irlmaier kommt zu mir! Zuerst zum Böttler in Waidach und dann auf unseren Hof!' Ich bat ihn, mich zu verständigen, weil ich ihn näher kennenlernen wollte. 1952 wurde die Pfarrkirche außen restauriert, ich arbeitete mit in einer blauen Montagekluft. Um drei Uhr nachmittags kam der Hupfaufbauer und sagte: ‚Iaz is er da, der Alois!' Ich antwortete: ‚Ich komme. Sag ihm aber nicht, wer ich bin! Ich komme in der blauen Kluft und staubig!'

So trat ich in die Hupfaufstube ein, und alle drinnen taten, als sei ich ein Fremder. Der Irlmaier saß im Herrgottswinkel, auf der rechten Seite. Ich erkannte ihn sofort, weil ich ihn schon in Bayern gesehen hatte. Ich gab allen die Hand. Als ich sie dem Irlmaier gab, sagte er: ‚Die Hand sollte ich busseln, Sie san do a geistlicher Herr, das spür i!' Alle mußten lachen, und ich bat den Alois: ‚Darf ich etwas fragen, von mir persönlich?' ‚Ja, freile!' war die Antwort. Ich sagte zu ihm: ‚Wo bin ich daheim, in welchem Landgebiet?' Irlmaier legte die Hände gefaltet auf den Schoß, war ganz still, schaute nur auf einen Punkt am Tisch, blieb still und sagte dann: ‚Schönes Tal zwischen steigenden Bergen, a Kesseltal! Die zwei höchsten Berge der Niederen Tauern schaun auf das stille Tal!' Es stimmte: Das ist Lessach im Lungau nördlich von Tamsweg!

Ich fragte weiter: ‚Wo steht mein Elternhaus?' Da gab er zur Antwort: ‚Obern Bach auf a leichtn Terrassn, bis zum ersten Stock gmauert, sonst alles Holz und a Rundbalkon. Vorm Haus steht a Troadkastn und a eiplankter Gartn!' ‚Stimmt!' mußte ich bestätigen. Ich bohrte weiter: ‚Lebn meine Eltern?' Er: ‚Beide san a Schattn, san gstorbn, scho länga!' Wieder fragte ich: ‚Lebn meine Geschwister noch?' Er nach einer Pause: ‚Drei stehn im Schatten, die san gstorbn, fünfe siehg i guat, die lebn!' Stimmte alles genau! Zeugen hierfür waren Georg Schnöll, Hupfaufbauer, seine Gattin Kathi und Lorenz Schnöll, der als Briefträger nach Hause gekomen war, ihr Sohn.“

1. Alois Irlmaier, Porträt-Aufnahme um 1950

2. Wallfahrtskirche Maria Eck, wo Irlmaier oft betete

3. Die Kirche Mariä Unbefleckte Empfängnis von Siegsdorf, in der Alois Irlmaier am 8. Juni 1894 getauft wurde

4. Der „Bruckthaler", Irlmaiers 1926 abgebranntes und 1927 wiederaufgebautes Geburtshaus in Scharam, Zustand 1990

5. Die „Kurr-Villa" in Hagn, Gemarkung Salzburghofen. Domizil der Familie Irlmaier in den späten zwanziger und frühen dreißiger Jahren, Zustand 1990, nach dem Umbau

6. *Der Traunsteiner Druckereibesitzer und Schriftsteller
Dr. Conrad Adlmaier um 1958*

7. Wenn er über eine Wasserader kam, wurde es in seinen Fingern „wurlert": Alois Irlmair um 1950

8. Das Haus in der Reichenhaller Straße von Freilassing, wo
Irlmaier in den dreißiger und vierziger Jahren
zur Miete wohnte. Der vordere Teil des rechten Flügels
wurde erst nach Irlmaiers Auszug angebaut

9. Der Zeuge Irlmaier auf dem Weg zum Gericht,
   Anfang der fünfziger Jahre

10. Irlmaier beim Gang mit der Wünschelrute, 1950

*11. Alois Irlmaier und Heinz Waltjen 1933 in Arlaching.
Irlmaier mit der Drahtschlaufe*

12. Pater Dr. Norbert Backmund im Ordensgewand der Prämonstratenser. Aufnahme auf dem Jahr 1974

13. Wolfgang Johannes Bekh und Pater Dr. Norbert Backmund im Gespräch am 21. Juli 1975

14. Irlmaiers Haus in der Waldstraße, später Pestalozzistraße, jetzt Jennerstraße 7, im Jahre 1950 fertiggestellt

ALOIS IRLMAIER
INSTALLATION UND BRUNNENBAU
FREILASSING/OBB.
REICHENHALLER-STRASSE

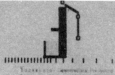

An die

Redaktion der Südd.Zeitung

München,
Sendlingerstrasse 80

Freilassing den 21.April 50

Ihre Nachricht v.   Ihr Zeichen   Mein Schreiben v.   Mein Zeichen I/P

Die verschiedenen Veröffentlichungen in den Tageszeitungen als auch
/// wie mir bekannt wurde die neuerlich geplante Herausgabe einer Broschüre zwingen mich Sie zu bitten Nachfolgendes in Ihrem geschätzten Blatte zu veröffentlichen:

Seit längerer Zeit habe ich jede Person die mich wegen meiner hellseherisch Begabung sprechen wollte abgewiesen und erklärt,dass ich ausser die mit meiner Tätigkeit als Wünchelrutengänger und Brunnenbauer zusammenhängende Besuche abweisen muss und auch die zahlreichen Briefe nicht mehr beantworten kann.

Insbesondere erkläre ich ausdrücklich dass ich mit den Vorgängen in Landshut in keiner Verbindung stehe und ich mir die strafgerichtliche Verfolgung gegen diese/Verbreiter vollkommen unrichtiger und aus der Luft gegriffenen Angaben vorbehalte.

Gleichzeitig bitte ich alle Leser im Eigenen Interesse an mich keinerlei Zuschriften,die nicht mit meinen Berufe zusammenhängen,zu richten und von zwecklosen Besuchen abzusehen.

Alle Veröffentlichungen und Vorträge die ohne meine ausdrückliche Genehmigung erfolgen,werden von gewissenlosen Geschäftemachern getätigt und werden von nun an strafgerichtlich verfolgt.

Ihnen für die Veröffentlichung bestens dankend zeichne ich

hochachtungsvoll:

Alois Irlmaier
Installation Brunnenbau
Freilassing
Telefon 257

15. Ein Brief Alois Irlmaiers an die Süddeutsche Zeitung,
21. April 1950

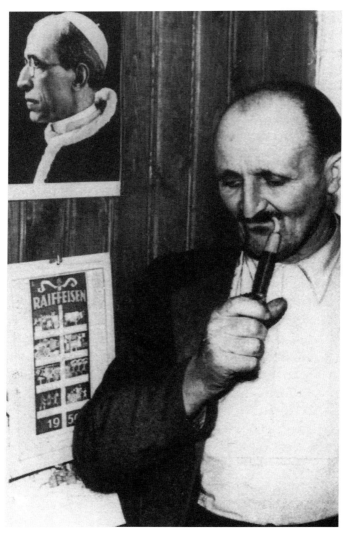

16. *Alois Irlmaier zu Anfang der fünfziger Jahre vor einem Portraitfoto von Pabst Pius XII. in seiner Wohnung*

Zur frommen Erinnerung
im Gebete

an Herrn

Alois Irlmaier

Brunnenbauer
Kriegsteilnehmer 1914/18

welcher am 26. Juli 1959, nach kurzer, schwerer Krankheit, versehen mit den hl. Sterbsakramenten, im 65. Lebensjahr in die Ewigkeit abgerufen wurde.

O Herr, gib ihm die ewige Ruhe
Vater unser . . .   Ave Maria . . .

Chiemgau-Druck, Traunstein

17. Sterbebild Alois Irlmaiers. 26. Juli 1959

*18. Irlmaiers Grab im Friedhof von Salzburghofen,
Reihe 62, Nummer 3*

Aussagen

Bericht über einen Kriegsgefangenen (ebenfalls von Johann Hönegger)

„Bei einer Hauslehre 1980 in Kuchl sprachen wir über Erscheinungen und überweltliche Eingriffe in die Zeitgeschichte wie Fatima oder früher Lourdes. Auch über Naturanlagen im Menschen, die nur verschüttet sind und durch tiefgreifende Erlebnisse an den Tag kommen, wie etwa Hellsehen.
Da sagte der alte Doservater aus Kuchl, Georgenberg, wohnhaft im Markt: ‚Ende Mai 1945 machte der Brunnenbauer Irlmaier einen Besuch bei mir, und ich fragte ihn, wieso er von Oberbayern nach Salzburg kommen könne.' Er meinte: ‚Die Amerikaner kennen mich schon!' Ich bat ihn, mir zu helfen. Von meinem Sohn, der in Rußland war, hatten wir keinerlei Nachricht: wir wußten nicht, lebte er oder lebte er nicht mehr; so sprach ich oft mit meiner Gattin. Ich hatte ein Foto vom Simon, so hieß der Sohn. Irlmaier schaute das Foto an und sagte: ‚Er lebt in Südrußland und arbeitet zur Zeit auf einem Kukuruzfeld, außerhalb einer Stadt. Er wird heimkommen!' Wir waren froh und gaben ihm eine Flasche selbstgebrannten Schnaps. Er blieb noch längere Zeit und sagte dann: ‚Ich muß weiter, sonst schimpfen die Amerikaner.'
Simon Neureiter? der jetzige Doserbauer, ist aus der Gefangenschaft mit dem ersten Transport 1946 zurückgekommen. Er bestätigte, daß Irlmaiers Angaben stimmten, daß er im Mai und Juni bei Armawir in Südrußland auf Kukuruzfeldern mit vielen anderen arbeiten mußte! Also hatte Irlmaier richtig gesprochen.

25. April 1990"

Aussagen

Brief einer Lehrerin aus Landshut

Landshut, 5. März 1988

„Ich erinnere mich an eine kleine Begebenheit, die ich vor vielen Jahren von einer damaligen Kollegin erzählt bekam – wir waren zu dieser Zeit beide junge Lehrerinnen bei den Ursulinen in Landshut. Mit dem Einverständnis dieser Kollegin will ich Ihnen berichten: Diese Kollegin, die aus einem größeren Bauernhof in der Nähe von Trostberg stammt, erzählte mir (vor etwa 35 Jahren) nach einem Wochenende, das sie zu Hause verbracht hatte, ihr Bruder habe Alois Irlmaier kommen lassen, weil er einen Brunnen brauche. Irlmaier war am Sonntag bei ihnen, dabei habe sich etwas ereignet, das sie alle erstaunt und erheitert habe. Irlmaier sei plötzlich im Gespräch völlig geistesabwesend geworden, dann habe er zu ihrer Schwester gesagt: ‚Jetzt hab' ich dich auf einem großen Bauernhof gesehn, die Eisenbahn fahrt dran vorbei und du hast sechs Kinder ghabt.' Diese Erklärung habe sie alle recht erstaunt, da die Schwester mit einem Münchener Musiker verlobt war, also kein Drandenken bestand, daß Irlmaier recht haben könnte. Einige Zeit später wurde die Verlobung gelöst, die Schwester heiratete später einen Landwirt, neben dem Hof fahrt die Bahn vorbei, und sie haben sechs Kinder. Mit freundlichen Grüßen

Mathilde Dreisbusch"

Traunreut

Dem Bauern *Johann Reiter* aus Hinterau sagte Irlmaier die Stadtgründung von Traunreut vorher. (Nach einem wörtlichen Bericht in der Rundfunksendung „Vor 30 Jahren starb der Hellseher Alois Irlmaier" am 4. Juni 1989):

„Z'Traunreut draußt. Da samma draußt gwen, da is ja

überhaupts lauter Wald gwen, gell. Da hat überhaupts koa Mensch net drodenkt, daß da wirklich amoi was hibaut werd. ‚Da kimmt amoi a Stadt her!', hat der Irlmaier gsagt, des is wahr, gell. Des hamma jetzt erscht wieda vazählt! Da is tatsächlich heit Traunreut draußt. Der Irlmaier hat des umara 1940 bis 42 immer wieder gsagt."

Wie Walter Freinbichler aus St. Leonhard Maria Irlmaier kennenlernte

Maria kam mit zwei Freundinnen auf Besuch nach St. Leonhard. Die Mädchen machten Rast beim Simmerlwirt, einem bekannten, behäbigen Ausflugsgasthaus neben der Dorfkirche. Auch eine Gruppe Burschen war dort eingekehrt. Walter Freinbichler, der Sohn eines Bergarbeiters mit kleiner Landwirtschaft auf Pachtgrund, war unter den Burschen. Seit Jahrzehnten ist er nun mit Irlmaiers ältester Tochter verheiratet und lebt in einem kleinen Dorf bei Hallein. Er kann aus eigener Erfahrung über manches Erlebnis mit Irlmaier berichten. Die nachfolgend erzählten Begebenheiten teilte er dem Verfasser anläßlich eines Besuches bei ihm mit.

Die Hühner des Schleusenwärters

„Der Schleusenwärter vom Almkanal (Königsache) hatte kein Glück mit seinen Hühnern. Sie federten (mauserten) im Sommer und legten keine Eier. Der um Rat gefragte Irlmaier stellte fest, daß der Hühnerstall auf einer starken Wasserader stand. Nach einer Versetzung des Hühnerstalls war der Schaden fast augenblicklich behoben."

Der brennende Jeep

„Das ‚Zollhäusl' an der alten Saalachbrücke diente als Gasthaus. Dort bekam Irlmaier einmal in Gegenwart Freinbichlers den bekannten abwesenden Blick. Er sah gleichsam durch Freinbichler hindurch und stammelte: ‚Die zwei armen Menschen! Die zwei armen Menschen, die müssen so leiden!' Plötzlich stöhnte er auf, die Augen weiteten sich in heller Angst: ‚Jetzt brennt er! Jetzt brennt er! O mei, o mei, jetzt brennt er!' Und wieder: ‚Die zwei Armen! Sie sind voller Blut, und langsam verbrennen sie!' Bis ins Innerste aufgewühlt, brach Irlmaier ab. Freinbichler schaute auf die Uhr. Am nächsten Morgen meldete der Sender ‚Rotweißrot': Genau so und zur selben Minute hatte sich ein Unfall ereignet, wie Irlmaier ihn geschildert hatte. Am Roßfeld war ein amerikanischer Jeep abgestürzt, hatte sich überschlagen und war in Brand geraten. Beide Insassen, amerikanische Soldaten, waren bis zur Unkenntlichkeit verbrannt."

Eingeklemmt in der Saalach

„Die Salzburger Polizei wendete sich an Irlmaier: ‚Ein Mann geht ab.' Irlmaier darauf: ‚Der liegt eingeklemmt in der Saalach.' Er führte die Beamten zu der Stelle, wo der Selbstmörder sich unter der Wasseroberfläche in einer Baumwurzel verfangen hatte."

Noch einmal: Der Amtsrichter von Laufen

Walter Freinbichler weiß vom Gaukeleiprozeß auch eine weniger bekannt gewordene Episode:

„Der Amtsrichter von Laufen lächelte, als ihm der wegen ‚Gaukelei' angezeigte Alois Irlmaier vorgeführt

wurde, und fragte ihn spöttisch: ‚Sie wollen also ein Hellseher sein? Können Sie das beweisen?' Irlmaier, dazu bereit, erwiderte: ‚Ihre Frau sitzt daheim beim Kaffee. Ein fremder Herr sitzt ihr gegenüber und trinkt auch Kaffee. Ihre Frau hat ein schönes rotes Kleid an.' Der Richter schickte sofort einen Gerichtsdiener in seine Wohnung, um die Zuverlässigkeit dieser Angabe zu überprüfen. Alles verhielt sich so, wie Irlmaier es gesehen hatte. Bei dem beschriebenen Mann handelte es sich um einen ehemaligen Kriegsgefangenen, der nach langer Zeit heimgekehrt war und den Richter, seinen alten Bekannten, besuchen wollte."
Soweit Freinbichlers Bericht.

Besuch bei Irlmaier

Im *Oberbayerischen Volksblatt* vom 13. Oktober 1949 wird über Irlmaiers häusliche Umstände recht anschaulich berichtet:

„In seiner Wohnung in der Reichenhaller Straße wäscht die achtzehnjährige Tochter Elisabeth gerade Geschirr. Der Vater sei verreist, behauptet sie störrisch. Er käme auch so bald nicht zurück, und sagen würde er auch nichts! Es hätte keinen Zweck zu schreiben!

Nach langem Suchen ist sein Werkhäuschen im Walde, umgeben von geborstenen Maschinen und rostigen Autoteilen gefunden. Ein zottiger Hund rast wütend an seiner Kette. Eben ist ein großer amerikanischer Wagen ergebnislos weggefahren. Aus dem Holzschuppen schaut ihm ein etwa sechzigjähriger Mann heimlich nach.

'Hallo! Herr Irlmaier!' Zögernd kommt der Alte heraus. ‚Was wollen S' denn? I sag nix mehr!' – Es kommt aber doch eine spärliche Unterhaltung über den Zaun zustande. Daß er Wasseradern ohne Wünschelrute aufspürt, nur mit dem Gefühl des Körpers, und daß er die

Mineralquellen von Bad Schachen mitentdeckte, erzählt er, aber kein Wort vom Hellsehen, außer daß er es eben kann, wenn ihm ein Bild des Vermißten vorliegt. Einer Rumänin hat er den Heimatort so genau beschrieben, daß die Frau halbverrückt in den Ort zurücklief."

Weitere Eindrücke von einem Besuch bei Irlmaier

Zuverlässig berichtet *Herbert Frank* in der Samstag/Sonntag-Ausgabe vom 22./23. Oktober 1949 des *Münchner Merkur:*

„Er wohnt in einer Holzbaracke, in der Nähe des Bahnhofes. Ein Drahtzaungatter, an dem ein Schildchen mit der Aufschrift: ‚Alois Irlmaier, Brunnenbau und Installation' baumelt, führt in einen von Lagerhallen umgebenen und mit Baugeräten verstellten Hof, in dem ein struppiger Köter böse bellend herumspringt. Durch eine niedrige, enge Tür in einem der Schuppen gelangt man in Irlmaiers ‚Büro', eine Schlafwagenkabinenähnliche Kajüte, in die sich bestenfalls drei Personen zwängen können. Durch ein halb blindes Guckloch fällt ein staubiger Strahl Sonne herein. Sonst ist der Raum dunkel. Aber es herrscht nicht die talmihaft-gespenstische Atmosphäre eines Kartenleger- oder ‚Wahr'sager-Salons, sondern man glaubt, in einer bescheidenen Bauernstube zu sein. Irlmaier sitzt bolzengerade auf einem Holzstuhl und lädt den Besucher ein, auf dem gegenüberstehenden, wackeligen Sofa Platz zu nehmen."

An anderer Stelle wird Irlmaier mit viel Bartstoppeln um das Kinn und einem immer wieder ausgehenden Zigarrenstumpen im nicht mehr zahnreichen Mund geschildert. Herbert Frank sieht Irlmaier so:

„Er ist ein mittelgroßer, kräftiger, einfach-ländlich gekleideter Mann von 55 Jahren, einem Bauern oder Schäfer ähnlich. Zuerst fallen seine strahlendblauen, wasserhellen Augen auf, die tief unter buschigen Brauen liegen. Sie, die scharfgekrümmte Nase, der dünne dunkle Schnurrbart und der schmale zusammengepreßte Mund geben seinem Gesicht etwas Eulenhaftes, ein Eindruck, der sich mit der Zeit verstärkt. Er spricht laut, in altbayerischen Mundart und redet jeden mit ‚du‘ an. Dadurch kommt das Gespräch rasch in Gang.

Irlmaier bohrte seinen Blick in mich, lehnte sich zurück, legte die Stirn in Falten, schloß fast ganz die Augen, die in ihre Höhlen zurückzufallen schienen, starrte vor sich hin und begann: ‚Ich sehe ... ‘ Und dann folgten Schilderungen aus meinem Lebensweg, einzelne Erlebnisse, Charakterzüge, Angaben über mir nahestehende Leute ... Eine Blutwelle schoß mir in den Kopf, der Herzschlag setzte aus, ich glaubte, den Boden unter den Füßen zu verlieren. Er sprach, wie wenn ich selbst meine ureigensten Geheimnisse auspacken würde. Ich war keines Wortes mehr mächtig."

Man kann solchen Mitteilungen unschwer die Inkonsequenz – oder richtiger ‚Gutartigkeit‘ – Irlmaiers entnehmen. Namentlich die Grenz- und Zollbeamten ließen sich von ihm gern die Termine von Beförderungen, Dienstentlassungen oder Schmuggelaffären voraussagen; meist bewahrheiteten sie sich auf den Tag genau. Im Kreis vertrautester Freunde, die er von Jugend an kannte, war er immer noch dazu bereit, unentgeltlich die Zukunft zu deuten. Weil er dadurch notgedrungen sein Geschäft vernachlässigen mußte, trugen Sohn und Gattin ihr Teil dazu bei, daß ihn nicht mehr allzu viele Leute belästigten. Derjenigen, die sich für die Abschirmung und Schonung Irlmaiers aufopferte und die ob ihres unzugänglichen Wesens in halb Oberbayern sprichwörtlich, vielleicht auch gefürchtet war, widmete der Essayist und Erzähler *Korbinian Lechner* im Silvester- *Merkur* 1949 ein rührendes Porträt unter dem Titel:

Aussagen

Ich bin die Frau des Hellsehers!

Zur vollständigen Biographie des Brunnenbauers von Freilassing gehört ein Hinweis auf diese „kreuzbrave" Frau, die ihr Leben wie selten eine in den Dienst ihres Mannes und ihrer Familie gestellt hat. Lechner schreibt:

„Am Tag vor dem Heiligen Abend ging ein Mann auf einem Sträßchen, das mitten in Freilassing von der großen, asphaltierten Staatsstraße weg zwischen Sträuchern und Bäumen zu einem Lagerplatz führt, wartend auf und ab. Es war so um die Zeit des Dunkelwerdens herum, und der Mann wartete schon stundenlang darauf, daß das Tor zum Lagerplatz sich endlich öffnen würde.

Am Gitterwerk des Tores hing ein Zettel mit der lakonischen Mitteilung: ‚Anfragen können erst ab 8. Januar wieder erledigt werden.' Neben diesem Zettel war auch noch ein Emailleschildchen angebracht: ‚Achtung, bissiger Hund', und dieser Hund, der an einer endlos langen Kette hinter dem Gittertor hin und herraste, bleckte drohend die Zähne, sobald der Mann in die Nähe kam.

Eine ältere, etwas dickliche Frau, die vor dem Tor auf einem Steinstapel saß und ab und zu mit wehmütigen Augen ein Soldatenfoto betrachtete, sagte tröstend zu dem Manne: ‚Wir müssen halt warten, das ist nun einmal so und nicht anders, denn hier muß ein jeder warten, wer es auch sei. Die Hauptsache ist, daß er selber uns noch sieht, dann kommen wir schon noch hinein. Ich jedenfalls probiere es, durchzuschlüpfen, sobald drinnen im Hof das Lastauto abgeladen ist und wieder herausfährt.'

Auf eben diesen Augenblick wartete auch der Mann, doch ehe es soweit war, hatte er, der nun wieder auf und ab ging, eine höchst merkwürdige Begegnung. Ganz plötzlich stand eine hagere Frau, die mit ihrem Rad wohl von der großen Straße her gekommen sein mußte, vor ihm und herrschte ihn gar ungut an: ‚Was stehn S' denn da herum? Machen S' daß S'fortkommen! Steht's nicht deutlich genug am Gitter, daß er nicht da ist? Marsch da, sag ich, weiter! Wir möchten unsere Ruhe.'

Das also war mein erstes Zusammentreffen mit Frau Irlmaier, der Frau des nun schon beinahe in aller Welt bekannten Hellsehers von Freilassing. Gewiß war ich über Frau Irlmaiers Unzugänglichkeit bereits unterrichtet und wohl auch davor gewarnt worden, aber dennoch hätte ich nie geglaubt, daß mein Interview derartig hoffnungslos beginnen würde. Sie hatte mich, noch ehe ich überhaupt zu Wort gekommen war, deutlich genug abfahren lassen.

Dennoch stellte ich mich, als sie nach wenigen Minuten wieder aus dem Lagerplatz zurückkam, ihr kurz entschlossen in den Weg, aber ich kam auch diesmal wieder nicht zu Wort, denn aus drei Meter Entfernung knurrte sie mir schon entgegen: ‚Gehn S' weg da, sag ich!' Darüber war ich nun doch offengestanden, ein wenig gekränkt, und aus dieser Stimmung heraus fragte ich sie, was sie denn von mir wollte und wer sie überhaupt wäre. Sie aber saß bereits wieder auf ihrem Rad und rief mir, ungut und grantig, rasch über die Schulter hinweg noch zu: ‚Wenn Sie es schon nicht wissen: Ich bin seine Frau!' Und dann war sie auch schon verschwunden, wie ein Schatten in der Nacht.

*

Wenn der Brunnenmacher Alois Irlmaier dem fremden Besucher entgegenkommt, dann geht ihm seine große Güte bereits einige Schritte voran. Ich spürte dies fast zum Greifen deutlich.

Drinnen in dem kleinen Büro erzählte er mir dann höchst anschaulich von seiner Tätigkeit als Brunnenbauer und Wünschelrutengänger. Dabei paßte aber sein Sohn, ein untersetzter, etwa 30jähriger Mensch, wie ein Haftlmacher auf, daß wir nicht plötzlich doch ins ‚hellseherische' Fahrwasser kämen. Nur unter der Bedingung, daß ich kein Wort über die Hellseherei, diesen ‚wunden Punkt' der ganzen Familie Irlmaier, verlöre, hatte mir ja der junge Alois den Zutritt zu seinem Vater ermöglicht. Auch im Verlauf der Unterhaltung kam er wieder darauf zurück, daß sein Vater eben ein Mensch sei, der in seiner grenzenlosen Gutheit niemals nein sagen könne, und wenn auch beinahe schon die halbe Welt ihn quäle, ‚nur ein klein wenig hellzusehen'. Das koste ihn aber nicht nur sehr viel Zeit, für die es im Geschäft weit bessere Verwendung gäbe, sondern schade auch in ganz erheblichem Maße seiner Gesundheit, zumal er ‚auf den Nerven sowieso schon ganz hin' sei."

Zum Schluß läßt Korbinian Lechner der Frau, die ihn so ungut behandelte, volle Gerechtigkeit widerfahren:

„Einer einfachen, braven Hausfrau, die von früh bis spät nur danach trachtet, daß das Hauswesen in Ordnung ist, liegt alles andere näher, als ‚interessant' zu sein. Im Falle Irlmaier hat die Frau mehr als genug allein schon von der ‚Interessantheit' des Mannes. Und diesen Mann nun muß sie, damit er nicht eines Tags endgültig zusammenbricht unter der Last und Macht seiner unheimlichen Gabe, beschützen und behüten, wie es ihr als Frau und Mutter zukommt. Daß sie sozusagen die Stacheln gleich pfeilgrad aufstellt, sobald jemand nur nach ihm fragt, ist verständlich ... "

Von der Zeit, in der Irlmaier sein Haus an der Waldstraße baute, genauer von den Wochen, in denen dieser Bau seiner Vollendung entgegenging, also vom Sommer und Herbst 1950, berichtete der Verfasser erstmals in der Erstauflage des Buches „Am Vorabend der Finsternis".

Aussagen

Brief eines Bauernsohnes

Moosham, den 6. Januar 1986

Ich komme aus einfachen Verhältnissen. Meine Eltern waren Bauersleute. Wir hatten zu Hause einen Bauernhof, mit noch sieben Geschwistern, mit 73 Tagwerk Grund, auf dem ich bis zur Einberufung und auch nach 1945 bis 1949 arbeitete. Habe dann als Altlehrling das Elektrohandwerk erlernt und bis November 1957 ausgeübt. Von da an konnte ich dann als Wasserwart an einer damals noch sehr bescheidenen Wasserversorgung tätig sein und bin auch als technischer Betriebsleiter heute noch beschäftigt. Nachdem ich mich vorgestellt habe, möchte ich meine Erlebnisse mit dem bekannten Alois Irlmaier, so wie ich es kann, schildern.

Meine erste Begegnung mit Irlmaier war schon als Kind auf unserem Bauernhof; wir hatten immer Wassernot, und da hat halt der Alois hermüssen. Er kam auch gleich, und wir waren sehr gespannt, wie er wohl das machen wird. Ich wußte damals nichts von seinen Fähigkeiten als Hellseher, aber von der Begabung als Wassersucher. Er hatte gleich mit einer ganz einfachen Weidengabel den ganzen Hof abgesucht und auch das gewünschte Wasser gefunden. Er war auch immer zu Späßen aufgelegt und hat auch gleich übertrieben gesagt, das Wasser, das an der gesuchten Stelle hergeht, ist ein Athäser (Artesischer Brunnen). Er sagte auch so ganz nebenbei zu meinem Vater, deine Frau leidet an der Leber, was stimmte; sie liegt auf einem Fluß, so nannte er es. Nach der Suche des Übels hatte er die künftige Lage der Betten angeordnet, und meine Mutter wurde kern gesund, sie erreichte dann auch ein Alter von 84 Jahren.

1950 hat Irlmaier in Freilassing ein Wohnhaus gebaut. Ich war zu der Zeit als Elektriker bei Vordermaier, Starzmühle, beschäftigt. Und wie das halt so geht, wir bekamen den Auftrag, den Neubau zu installieren. Ich war damals noch jung und hab nicht viel vom Irlmaier seinen übernatürlichen

Fähigkeiten gehalten. Man hat ab und zu was gehört, aber ich hab mich nicht interessiert und war sehr gleichgültig. Also, wir haben da mehrere Tage gearbeitet und haben dabei so manches Unangenehme beobachtet. Irlmaier hatte sein Grundstück mit einem hohen Zaun eingefriedet, um die vielen Menschen, die zu ihm kommen wollten, abzuhalten. Auch ein nicht ganz freundlicher Schäferhund bewachte das Haus. Angeblich hat Irlmaier den Zaun deshalb machen lassen, weil boshafte Menschen, und dies in der Hauptsache in seiner näheren Umgebung, behaupteten, Irlmaier nehme die Leute aus und könne sich deshalb das Haus bauen. Seine Frau und sein Sohn Alois waren sehr böse über solche Behauptungen. Es kamen immer wieder Leute ans Tor vorm Zaun. Es war immer dasselbe: Der Hund hat gebellt, dann kam die Frau Irlmaier oder der Sohn und haben die Menschen, die am Zaun standen und mit irgendeinem Anliegen zum Alois wollten, recht unfreundlich fortgejagt. Manchmal kam es auch vor, daß Irlmaier selbst zum Tor ging, wenn grad die Frau oder der Junior nicht in der Gegend war. Da hatte so mancher Glück und konnte den Alois etwas fragen, der immer sehr freundlich war und die gewünschte Auskunft gab.

Es war etwa im September 1950 an einem Montag, ich kam zu meinem Meister, und der sagte, du mußt gleich nach Freilassing fahren zum Irlmaier und die restlichen Arbeiten am Obergeschoß fertig machen. Bei dieser Eile hat mein Meister vergessen, mir den Lohn von der letzten Woche zu geben, und ich hatte leider kein Geld in der Tasche. Als ich dann so gegen Mittag ans Mittagessen dachte, habe ich erst gemerkt, ich kann mir heute ja kein Essen kaufen. Was tun? dachte ich mir. Muß ich halt als Pfand irgend etwas dort abgeben in der Gaststätte, um später dann zu zahlen. Aber das war nicht nötig. Denn wie ich vom Obergeschoß nach unten kam, mußte ich an der Bürotüre vorbeigehen; das Untergeschoß war schon bezogen. Kam Alois aus dem Büro und fragte mich: ‚Na, was machst jetzt?' Ich sagte ihm so im

Aussagen

*Gehen: ‚Mittagessen. Mahlzeit.' Ich ging noch einige
Schritte, dann sagte er: ‚Wart a wengl!' Ich dachte, er will
mir noch etwas wegen der Arbeit sagen, aber als ich mich
umdrehte, sah ich, wie der Alois den Geldbeutel öffnete und
mir dann 4,50 DM in die Hand drückte. Ich wollte es erst
nicht nehmen, da sagte er: ‚Na, nimm's no, daß d'da a
Mittagessen kaufen kannst.' Ich hab mich dann sehr freundlich bedankt und bin gegangen.
Ich hab dann überlegt: genau 4,50 DM, was damals ein
Mittagessen mit Brot und einem Bier gekostet hat. Wie kam
er dazu, mir grad an diesem Tag das Mittagessen zu zahlen?
Er hat es ja sonst auch nicht gemacht. Wissen konnte er es
von keinem Menschen, weil ich den ganzen Vormittag allein
war. Ich war sehr froh, weil ich zu der Zeit auch nichts hatte
und ans Hausbauen dachte. Ich hatte eine Freundin und
einen Sohn, der eineinhalb Jahre alt war. Da mir das mit den
4,50 DM etwas seltsam vorkam, dachte ich: Wenn er das
wußte, muß er mir schon mehr sagen. Gedacht, getan. Ich
überlegte bei der Arbeit den ganzen Nachmittag, wie stell ich
das an? Seine Frau und sein Sohn sollten nichts merken.
Aber das ging leichter als ich glaubte. Den Sohn hab ich so
nebenbei gefragt, was er dazu sagen würde, und der hatte
nichts dagegen. Und seine Frau war grad anderweitig
beschäftigt ... Als ich dann mein Werkzeug aufräumte, so
gegen 5 Uhr, war Alois immer in meiner Nähe. Ich war schon
etwas aufgeregt; wie sollte ich anfangen? Er kam etwas näher,
sagte dann: ‚So, bist fertig?' Ja, sagte ich. Jetzt muß ich dich
was fragen. ‚Wie war dös heut mittag?' – Wie aus der Pistole
geschossen kam die Antwort: ‚Ja, ja, i hob scho gwußt, daß
d'koa Geld dabei hast.' Ich hab dann gesagt: ‚Ja, wennst des
gwußt hast, dann mußt mir scho mehra sagn. Ich möcht ein
Haus bauen und hab noch keinen Baugrund. Was soll ich
tun?' Irlmaier: ‚Laß dir Zeit, einer bietet dir einen Baugrund
an, aber du mußt noch ein wengl warten.' Ich sagte dann:
‚Der wird halt so teuer sein, daß ich ihn nicht bezahlen
kann.' Irlmaier: ‚Den kannst leicht bezahlen, da hilft dir*

einer.' ... *Meine Frage dann: ‚Wann werde ich heiraten?'*
‚Im Frühjahr', sagte er. Ich sagte: ‚Meinst nicht im Herbst?'
Ich dachte nämlich: Im Sommer 51 bauen und im Herbst
dann heiraten. ‚Nein', sagte Alois, ‚du wirst mit dem Haus
nicht fertig.' ‚Was werde ich dann für eine heiraten?'
Irlmaier: ‚Da san zwoa, eine schwarze und eine blonde, die
blonde hat ein wenig mehr Geld, aber du heiratest die
schwarze.' Er hat dann meine spätere Frau sehr gelobt. Und
auf einmal sagte er: ‚Einrücken wirst nochmals müssen.' Ich
hab dann erwidert: ‚Ich, einrücken? Ich bin ja gar nicht mehr
tauglich!' Irlmaier: ‚Kann sein, daß d'auskommst.' Und da
hat mich dann der Mut verlassen; ich hab ihn um nichts
mehr gefragt. Ich dachte, er würde mir etwas Unangenehmes
sagen, was ich nicht hören wollte. Ich habe mich dann verab-
schiedet und hatte später keine Gelegenheit mehr, ihn zu spre-
chen.
Zu den Voraussagen kann ich nur sagen: sie sind alle wahr
geworden. Ich konnte Baugrund günstig erwerben, und mein
Vater hat ihn bezahlt. Durch den frühzeitigen Wintereinbruch
konnten wir die Fußböden nicht mehr verlegen und konnten
so nicht mehr heiraten. Am 15. April, also ‚im Frühjahr', wie
Irlmaier sagte, heirateten wir. Und zu der Frage: welche? Wer
meine Frau kennt, weiß, daß sie schwarze Haare hat. Ich
habe vor Irlmaier immer mehr Respekt bekommen. Wenn die
letzte Aussage von Irlmaier sich jetzt noch nicht erfüllt hat,
kann ich nur froh sein. Aber ganz sicher bin ich nicht, ich bin
zwar schon 59 Jahre alt, aber in einem Ernstfall könnten
auch ältere Männer eingezogen werden ...
Nun muß ich schließen. Mit herzlichen Grüßen

Alois Kraller.

Aussagen

Simon Rehrl aus Freilassing schrieb am 19. Juli 1991 an den Verfasser:

Sehr geehrter Herr Bekh!
In der Woche 2 oder 3 mal gehe ich zum Friedof in
Freilassing, da komme ich am Grab von Irlmaier vorbei.
Jedesmal habe ich vor dem Irlmaier-Grab so meine
Gedanken. Irlmaier war ein Mensch mit einer besonderen, ich
möchte sagen unheimlichen Begabung.
In dem auf Seite 60 Ihres Buches abgebildeten Haus wohnte
meine Tante; sie hatte dort eine Parterre-Wohnung. über ihr
im ersten Stock wohnten Irlmaiers. Da ich oft auf Besuch bei
meiner Tante Resl wat, sie ist leider schon gestorben, lernte ich
den Alois kennen und somit Herrn Irlmaier selber; Alois war
sein Sohn. Ich kkam auch öfter in die Wohnung von Irlmaiers
und erlebte dabei, daß eine Frau aus Mühldorf Irlmaier ein
Bild ihres Mannes zeigte, der vermißt war.
Irlmaier starrte zur Decke und verdrehte die Augen, und war
wie benommen. Nach Minuten war er wieder voll da und
sagte zu der Frau, sie solle schnell nach Hause fahren; ihr
Mann stehe vor der Haustür, was dann auch stimmte. ...
          Besten Gruß, Simon Rehrl

Frau Annemarie Blinzinger aus Ainring schrieb am 22. Juli 1991 an den Verfasser:

Sehr geehrter Herr Bekh!
Ich möchte Ihnen schildern, wie ich damals bei Herrn
Irlmaier war.
Es war 1954 im November, als eine Arbeitskollegin mich
fragte, ob ich wüßte, wo Herr Irlmaier wohnt. Sie erzählte
mir, sie hätte ein Anliegen, das sie schom länger beschäftigte.
Es hatte sich folgendes zugetragen: Ihr Bruder waar eines
Tages tot im Straßengraben gelegen, und sie wüßten bis heute
(nach zwei Jahren) immer noch nicht, was die Todesursache

war. Deshalb möchte sie zu Herrn Irlmaier; vielleicht könnte er ihr etwas darüber sagen. Die Kollegin stammte aus einem Dorf bei Simbach am Inn.
Also gingen wir eines Abends nach Dienstschluß so cirka 19.30 Uhr zu Herrn Irlmaier. Als wir klingelten, machte uns Herr Irlmaier persönlich auf. Er fragte uns: „Diandln, was mächts denn?" Meine Kollegin, die ein Paar Jahre älter war als ich (ich war damals 17 Jahre alt) sagte: „Ich möchte Sie um eine Auskunft bitten." Daraufhin bat uns Herr Irlmaier ins Haus. Wir setzten uns, und meine Kollegin (sie hieß Lina) zeigte dann ein Bild von ihrem Bruder. Herr Irlmaier hat inzwischen auch Platz genommen; er schaute sich das Bild an und in diesem Moment (ich konnte ja alles gut beobachten) kam es mir vor, als ob sich sein Gesicht ganz besonders veränderte. Seine Augen, die vorher ganz blau waren, bekamen einen Grauschleier und sie waren ganz weit weg. Ja so, als wär er aus seiner Hauthülle entschlüpft. Als er das Bild so betrachtete, sagte er: „Der Junge Mo lebt nimmer. Der is von an Bauern mit an Traktor zamgfahrn worn, es is scho länger her." Meine Arbeitskollegin saß ganz verblüfft und regungslos da und konnte kein Wort mehr sagen.
Darauf wandte Herr Irlmaier sich zu mir und fragte mich, ob ich „aa wos wissen mächt". Ja sagte ich. Er sagte zu mir: „Du heiratest amoi weit weg und kriegst zwoa Kinder. I siag a Metzgerei oder a Wirtschaft, genau kon i's net sagn. I siag aa no Schienen und an Mo, der hinkt, des, moan i, is da Vater." Es stimmte alles. Ich heiratete einen Gastwirtssohn aus Stuttgart, wo wir auch einige Jahre wohnten, und bekam zwei Kinder. Mein Vater war Eisenbahner, daher die Schienen, und er hinkte, weil er als Kind Kinderlähmung hatte. Mein Vater ist vor zwei Jahren gestorben und liegt genau gegenüber dem Grab von Herrn Irlmaier. ...

Mit freundlichen Grüßen
Ihre Annemarie Blinzinger

Aussagen

Bis hierher war die Rede von den vielen hellseherischen Äußerungen Alois Irlmaiers, die er für einen engen räumlichen und zeitlichen, also verhältnismäßig leicht nachprüfbaren Bereich gemacht hat. Wie aber steht es mit seinen Voraussagen für die Zukunft? Für die fernere zumal?

Der Seher

Im Jahr 1947 hatte Irlmaier erste Visionen von einer in der Zukunft bevorstehenden weltweiten Katastrophe. Je deutlicher gerade diese kriegerischen Bilder wurden, diese Eindrücke vom Hinsterben Hunderttausender binnen weniger Minuten, desto fragwürdiger, ja geradezu abstoßend wurde ihm der Gedanke an eine Mitteilung des Geschauten. Sollte er ganze Völkerschaften in die Flucht jagen auf der Suche nach einer vermeintlich sicheren, vom Dritten Weltkrieg verschonten Gegend, nach einer „Insel der Seligen"? „Darum hat Gott die Zukunft vor unseren Augen verschlossen!" Einleuchtender als jetzt war ihm diese Begründung nie vorgekommen. „Warum", fragte er sich, „hat Gott sie dann gerade mir geöffnet?" Und weiter: „Kann es denn sein? Ist es denn möglich?" Genau diese Frage stellte Conrad Adlmaier rhetorisch in der Einleitung zu seiner ersten, 1950 veröffentlichten Schrift über den „Seher von der Saalach". Als die Bilder vom bevorstehenden Weltgeschehen unerträglich zu quälen begannen, hatte sich Irlmaier nämlich der Ehefrau und auf deren Ratschlag auch dem Traunsteiner Freund anvertraut.

„Gibt es denn so etwas überhaupt", fragt Conrad Adlmaier eingangs, „oder sind es bloß Hirngespinste von ganzen oder halben Narren, die sich einbilden, Propheten zu sein?" „Diese Sicht in die Zukunft", so antwortet er sich dann selbst, „ist eine längst bekannte und bewiesene Tatsache, die allerdings noch weiterer Erforschung bedarf. Wir kennen seit langer Zeit das Phänomen, wir wissen, daß es vorkommt, kennen aber die Ursache nicht. Nach jahrelanger Überwachung des Hellsehers Irlmaier durch den Verfasser dieses Büchleins ist folgende Theorie aufgestellt worden:

Es muß im Geiste des Menschen eine Ebene geben, auf der der Begriff ‚Zeit' (Vergangenheit, Gegenwart und

Der Seher

Zukunft) im zeitlosen Zustand des Schauens wie in der Ewigkeit möglich ist. Vergangenheit und Zukunft gehen in die Gegenwart über. Die Bilder dieses ‚Schauens' können sehr scharf umrissen sein, sie können aber auch dunkel, schattenhaft und undeutlich vor das Auge des Hellsehers treten, so daß Mißdeutungen nicht ausgeschlossen sind, besonders wenn der Eidetiker (Bilderseher) aus sich heraus die geschauten Bilder auszudeuten versucht (Termine, Jahreszahlen, Jahreszeiten)."

Albert Paul schreibt in seinem 1908 in Berlin erschienenen Buch "Der geniale Mensch":

„Als ein ganz einfaches Phantasiegebilde haben wir die vielgenannte Sinnestäuschung Goethes zu betrachten, welche er uns selbst in ‚Dichtung und Wahrheit' schildert. ‚Auf dem Ritte nach Sesenheim', sagt der Dichter, ‚sah ich mich selbst denselben Weg zu Pferde wieder entgegenkommen, und zwar in einem Kleide, wie ich es nie getragen, es war hechtgrau mit etwas Gold. Sobald ich mich aus diesem Traume aufrüttelte, war die Gestalt ganz hinweg. Sonderbar ist jedoch, daß ich nach acht Jahren in dem Kleide, das mir geträumt hatte, und das ich nicht aus Wahl, sondern aus Zufall trug, mich auf demselben Wege fand, um Frideriken noch einmal zu besuchen. Es mag sich übrigens mit diesen Dingen wie es will verhalten, das wunderliche Trugbild gab mir in jenen Augenblicken des Scheidens einige Beruhigung."

Paul fährt fort:

„Daß es sich hierbei nicht um eine wirkliche Sinnestäuschung, sondern um ein einfaches Phantasiebild gehandelt hat, ist unzweifelhaft, wenn wir Goethes ungemein lebhafte Phantasie berücksichtigen ..."

Es ist wirklich sonderbar – folgert Adalbert Schönhammer in seinem Buch ‚Psi und der dritte Weltkrieg', „wieviel Scharfsinn oft aufgebracht wird, um Tatsachen wegzudiskutieren, ‚die nicht sein können, weil sie nicht sein dürfen': Ein noch eindeutigeres Beispiel von Hellsehen ist ja wohl kaum denkbar. Aber der Mensch sträubt sich gegen alles, was er nicht logisch begründen kann. Solche Berichte verweist er dann unbesehen in das Reich der Phantasie und der Träume."

Es will den Gelehrten alten Stils einfach nicht in den Kopf, daß es eine immaterielle Kraft geben könnte, die die Finsternis ebenso überwindet wie Stahl und Eisen, Zeit und Raum. Lieber nehmen sie zu den absurdesten Hypothesen ihre Zuflucht, als daß sie zugeben, ein medial begabter Mensch könne ein Schriftstück auch einmal ohne Benützung von Sinnesorganen lesen. In dem Beispiel „Der Mörder im Leichenzug" wurde geschildert, wie Irlmaier die Polizisten aufforderte, ein Bild mit dem Mörder vorzuzeigen. Er konnte also das Bild bereits „lesen", von dessen Existenz er eigentlich noch gar nichts wissen konnte.

Der Mensch ist im allgemeinen sehr stolz auf hohe Intelligenz, glasklaren Verstand und messerscharfe Logik. Es ist auch gar keine Frage, daß diese Eigenschaften nützlich und notwendig sind, um unsere Welt zu erforschen. Leider gilt dies aber nur für die materielle Welt. Auch höchste menschliche Intelligenz hat offensichtlich keinen Zugang in die immaterielle Welt, den Superraum. Hier scheint außersinnliche Wahrnehmung (ASW) wesentlich wertvollere Dienste zu leisten.

Conrad Adlmaier beteuert:

„Was hier niedergeschrieben ist, wurde bei vertraulichen Gesprächen stenographisch aufgezeichnet. Der Verfasser gibt alles genauso wieder, wie es ihm von Alois Irlmaier gesagt wurde, ohne etwas wegzulassen noch hinzuzufügen. Es steht jedem Leser dieses Büchleins frei, zu glauben, was er will. In jedem Satz unterwirft sich der Verfasser dem Urteil der Kirche."

An anderer Stelle fährt Conrad Adlmaier fort:

„Persönlich war Irlmaier der Typ eines einfachen Bauernmenschen mit durchschnittlicher Intelligenz und einem Schuß Humor, wie er den Chiemgauern eigen ist, ein gutherziger Mann, schlicht und jederzeit hilfsbereit. Die Gefahr, daß er das, was er voraussagte, etwa selbst erfunden hätte, bestand bestimmt nicht. Dafür, sagte ein guter Freund von ihm, ‚wäre der Lois viel zu dumm gewesen' ... "

Nun, dumm war Irlmaier nicht gerade, aber mit den ihm zur Verfügung stehenden Geistesgaben hätte er kaum etwas wie seine Voraussagen hervorbringen können. Von den paragnostischen Leistungen Irlmaiers liegen andererseits derartig viele nachprüfbare, großenteils hier bereits mitgeteilte Zeugnisse vor, daß man die besondere Befähigung dieses Mannes nicht in Zweifel zu ziehen vermag.

Seine eigene Erfahrung auf dem Gebiet der Telepathie und Paragnose war denkbar gering, um nicht zu sagen gleich Null. Er wußte so gut wie gar nichts, besaß keine Bücher.

Pater Norbert Backmund schreibt mit Ehrfurcht, gleichwohl ohne Illusionen über Irlmaier:

„Seine Freunde meinten, er sei so unbegabt gewesen, daß er seine Gesichte nie hätte erfinden können. Seine Phantasie war begrenzt. Er war auch alles andere als schlau und gerissen."

In einem Gespräch am 21. Juli 1975 – im Sendesaal 2 des Bayerischen Rundfunks – bestätigte Backmund dem Verfasser dieses Buches:

„Sie werden kaum einen Intellektuellen finden, der ein Hellseher ist. Eine Ausnahme macht – Backmund erweitert das Beispiel Goethe – etwa Annette von Droste Hülshoff, die mit dem Zweiten Gesicht begabt war und sehr darunter gelitten hat. Aber im allgemeinen sind es ganz schlichte, primitive Menschen, wie zum Beispiel Irlmaier einer gewesen ist. Ich meine, auf seinem eigenen Intellekt hätte das nie wachsen können, was er alles gesagt hat."

Der Seher

Nun zitiert Backmund nicht nur aus den Broschüren Adlmaiers, er macht auch Ergänzungen, wie er sie aus Adlmaiers Mund erfuhr („Adlmaier hat bei weitem nicht alles Material ausgewertet, wie er mir selbst gesagt hat, er hätte noch mit viel mehr Dingen kommen können"), und er zitiert Irlmaier mit bis dahin unbekannten Äußerungen, die dieser ihm gegenüber gemacht hat, als er ihn 1953, zusammen mit Adlmaier, in Hunderdorf und im Kloster Windberg besuchte (wobei Backmund in Windberg nur mit Adlmaier zusammentraf. Zu Irlmaier mußte er sich ins Wirtshaus nach Hunderdorf hinunterbemühen).

Der Verfasser des vorliegenden Buches wiederum schöpft nicht nur aus Adlmaiers drei Auflagen und aus den von Backmund mitgeteilten mündlichen Ergänzungen sowohl Adlmaiers als Irlmaiers, er verwertet darüber hinaus Mitteilungen aus dem Erinnerungsschatz der Nachkommen, zweifelhafte Fassungen, Meinungen von Zeitgenossen und Analysen der Nachgeborenen.

Auf die Parallelen angesprochen, die es zwischen Irlmaiers Voraussagen und denen früherer Hellseher gibt, sagte Norbert Backmund zum Verfasser in dem erwähnten Gespräch:

„Die Gesichte des Irlmaier sind meiner Ansicht nach völlig selbständig. Er hat Mühlhiasl und Stormberger nicht gekannt. Und wie er dann in unsere Gegend kam, zusammen mit Herrn Adlmaier aus Traunstein, hat man ihm die Mühlhiaslprophezeiung vorgelegt, und da hat er gesagt: ‚Des was der siehgt, des siehg i aa ...'

Ich halte Adlmaier für zuverlässig, diesen Eindruck hatte ich von ihm. Er war natürlich Journalist, und wollte sicher auch einmal mit Sensationen aufwarten, aber ich muß sagen, ich hatte den Eindruck eines sehr gewissenhaften Menschen ...

Er hat mich besucht. Damals war auch der Irlmaier selber in Hunderdorf; er ist aber nicht heraufgekommen. Da hat er dann die Leute im Wirtshaus wild gemacht in

Der Seher

Hunderdorf drunten. Er hat gesagt: ‚Da siehg i an Russn zu an jeden Fenster einischaun, da werd's wuild zuageh'!"

Der Brunnenmacher von Freilassing sagte 1947, daß nach dem Zweiten Weltkrieg der Dritte kommen werde. Adlmaier gibt eine Erläuterung zu Irlmaiers hauptsächlichem Irrtum in Sachen Zahlen, ausgehend von der unrichtigen Datierung des dritten Kriegsgeschehens:

„... und zwar meinte er bestimmt im Jahre 1950. Als er darauf angesprochen wurde, daß er sich also geirrt habe, gab er dies ohne weiteres zu und gestand, daß er aus verschiedenen Vorzeichen die Zahl 1950 selbst errechnet hatte. Er meinte, durch das Dogma der leiblichen Aufnahme Mariens in den Himmel und durch die Fürbitte der allerseligsten Jungfrau sei das bevorstehende Unheil abgewendet worden."

In aufschlußreicher Weise geht Pater Norbert Backmund auf diesen Gedankengang ein:

„Der Ausbruch des Dritten Weltkrieges ist bei Johansson (siehe Literaturverzeichnis) wie bei Irlmaier falsch angesetzt (für die 50er Jahre). Möglich war er jedoch 1949, als in Moskau über einen Weltkrieg wegen Jugoslawien und Berlin abgestimmt wurde. Ganz nahe gerückt war er am 27. November 1958, als Chruschtschow den Viermächtestatus von Berlin kündigte, und am 27. Oktober 1962 wegen Kuba. Nach dem tschechischen General Sejna, dem obersten Politchef der Armee, 1968 geflüchtet, sind wir seit 1960 viermal knapp am Krieg vorbeigekommen (Artikel in ‚Paris Match' 1971). Daher können prophetische Daten auch auf *mögliche* Kriegsausbrüche verweisen, die aber immer wieder hinausgezögert werden."

Ähnlich zurückhaltend drückt sich Conrad Adlmaier in seiner ersten Auflage aus: „Es ist nicht gesagt, daß die Gesichte des Freilassinger Hellsehers alle eintreffen. Die Zukunft liegt in Gottes Hand. Aber es hat immer, besonders in der Zeit vor großen Ereignissen, Vorzeichen und

Voraussagen gegeben. Waren sie eine Warnung, dann haben sie ihren Zweck erfüllt ... Gott schütze die Heimat! Traunstein, Sebastiani 1950"

Deutlicher deckt sich seine Meinung mit jener Backmunds in der dritten Auflage:

„Als Grund, warum eine angedeutete oder geschaute Katastrophe oder Strafe nicht eintritt, kann auf der geistigen Ebene irgendeine Änderung, eine Fürbitte, ein Dogma bestimmend sein, z. B. die Besserung der Gesinnung der zu Bestrafenden (Jonas und die Niniviten: ‚Sie taten Buße und bekehrten sich!') Die Gabe des Hellsehens ist nicht an die ‚Heiligkeit' des Sehers gebunden, sie ist vielmehr eine gratia gratis data (eine Gnade, die ohne besondere Bedingung verliehen wird). Wenn es trotzdem immer Seher und Propheten gegeben hat, so soll dies eine Warnung an die Gutgläubigen sein, daß besondere Ereignisse bevorstehen. Irren kann sich freilich jeder Mensch, und Schrecknisse können durch das Gebet und die Fürsprache der Heiligen abgewendet werden."

Als Irlmaier 1959, in seinem Todesjahr, gefragt wurde, ob er seine Voraussage von 1947 noch aufrecht erhalte, antwortete er:

„Es hat sich nicht das geringste daran geändert. Nur weil es näher herangekommen ist, sehe ich es viel deutlicher." Es folgt eine vollständige Wiedergabe der Vorausschau Irlmaiers, in der er einleitend Geschehnisse zusammenfaßt, die sich kurzfristig vor dem Angriff des Warschauer Paktes oder des (mit seinen militärischen Mitteln gewissermaßen die Flucht nach vorn antretenden) russischen Imperiums auf Westeuropa ereignen:

„Zwei Männer bringen einen dritten, ‚einen Hochgestellten' um. Sie sind von anderen Leuten bezahlt worden."

Diese Formulierung ist fragwürdig, denn an anderer Stelle ist von einem „dritten Hochgestellten" die Rede: Es müßte sich also um insgesamt drei Morde an hochgestellten Personen, wie Politikern oder Staatschefs, handeln. Der Verdacht liegt nahe, daß die drei Morde kausal oder zeitlich oder in sonstiger Eigenschaft miteinander zusammenhängen. Die drei Morde sind Kriegsvorzeichen. Zumindest der dritte und letzte erfolgt kurzfristig vor Kriegsausbruch.

Es ist möglich, daß Fotos, Bilder oder Personenbeschreibungen der beiden Mörder durch Television verbreitet werden:

„Der eine Mörder ist ein kleiner schwarzer Mann, der andere etwas größer, mit heller Haarfarbe. Ich denke, am Balkan wird es sein, kann es aber nicht genau sagen."

Norbert Backmund – ihm hat, nach eigenen Angaben, Adlmaier bei seinem Besuch im Kloster Windberg (1953) manche mündliche Mitteilung über unveröffentlichte Äußerungen Irlmaiers gemacht –, Backmund gibt die Fußnote:

„Alois sieht drei solche Morde vor dem dritten Krieg. Adlmaier – oder war es Irlmaier selbst? – bezeichnete die zwei ersten als schon geschehen: Gandhi und Graf Bernadotte. Damals lebte Kennedy noch. Ich glaube viel eher, daß es sich um diesen handelt. Der dritte Mord geschieht angeblich im Südosten." Backmund fügt an: „Dafür werden schon die Araber sorgen!"

Der Verfasser dachte an die Namen Feisal und Haile Selassie.

„Der Jänner (Januar) is amal so warm, daß die Muckn tanzn (damals etwas Unvorstellbares, heute eine nicht mehr seltene Erscheinung). Es kann sein, daß wir schon in eine Zeit hineinkommen, in der bei uns überhaupt kein richtiger Winter mehr ist." (Von Adlmaier 1950 veröffentlicht.)

Irlmaier fährt fort:

„Dem Krieg geht voraus ein fruchtbares Jahr mit viel Obst und Getreide. Nach der Ermordung des Dritten geht es *über Nacht* los. Die Mörder kommen ihnen aus,

Der Seher

aber dann staubt es. Ich sehe ganz deutlich drei Zahlen, zwei Achter und einen Neuner. Was das bedeutet, weiß ich nicht, eine Zeit kann ich nicht sagen.

Anfangen tut der vom Sonnenaufgang. Er kommt schnell daher. Die Bauern sitzen beim Kartenspielen im Wirtshaus, da schauen die fremden Soldaten bei den Fenstern und Türen herein. Ganz schwarz kommt eine Heersäule herein von Osten, es geht aber alles sehr schnell. Einen Dreier seh' ich, weiß aber nicht, sind's drei Tag' oder drei Wochen. Von der Goldenen Stadt (Prag; Anmerkung des Verfassers) geht es aus. Der erste Wurm geht vom blauen Wasser (Donau) nordwestlich bis an die Schweizer Grenz'. Bis Regensburg steht keine Brücke mehr über die Donau, südlich vom blauen Wasser kommen sie nicht."

Zur Erläuterung: „Es geht *über Nacht* los." Das bedeutet weniger die Angabe einer Tageszeit als ein äußerst kurzfristiges Kriegsvorzeichen, einen völlig überraschenden Angriff. Zum Vergleich: Abbé Curique sagte 1872: „Am Abend werden sie noch Friede, Friede rufen, doch am nächsten Tag werden sie vor unserer Tür stehen." Darin stimmen die meisten Prophetien überein, daß der Krieg dann kommt, wenn man meint, der Kriegsgefahr glücklich entronnen zu sein. Knopp von Ehrenberg sagte: „Es wird Krieg geben, wenn keiner es glaubt." Nicht anders sieht es der Hellseher Matthias Lang aus Hunderdorf, vulgo Mühlhiasl: „Über Nacht geht's los, kein Mensch will's glauben."

Norbert Backmund ergänzt nach den ihm mündlich mitgeteilten Äußerungen Irlmaiers:

„Über die Donau geht der Feind nicht, sondern biegt nach Nordwesten ab; im Naabtal in der Oberpfalz sieht Irlmaier sein Hauptquartier. Die Stadt Landau an der Isar leidet schwer durch eine verirrte Bombe."

Als Irlmaier sich 1953 in einem Bayerwalddorf aufhielt (Hunderdorf), in der Nähe der erwähnten Einfallstraße, sagte er zu seinem Begleiter: „Mei, do geh ma glei wieda, do werd's wiast zuageh, da siehg i an Russen zu an jedn Fenster einischaugn."

Irlmaier: „Der zweite Stoß kommt über Sachsen westwärts gegen des Ruhrgebiet zu" – (ob hier deutsche Truppen gemeint sind? Johansson sagte ja: „Deutsche kämpfen gegen Deutsche") –, „genau wie der dritte Heerwurm, der von Nordosten westwärts geht über Berlin." Irlmaier zeichnete auf ein Blatt Papier drei Pfeile.

Backmund ergänzt nach Adlmaiers mündlicher Mitteilung: „Tag und Nacht rennen die Russen, unaufhaltsam, ihr Ziel ist das Ruhrgebiet."

Weitere Auszüge von Irlmaier-Angaben gemäß den drei Auflagen von Conrad Adlmaiers „Blick in die Zukunft", entsprechend Erich Retlaw sowie Arthur Hübscher (siehe Literaturverzeichnis), lauten:

„... Drei Stoßkeile sehe ich heranfluten: der untere (südliche) Heerwurm kommt über den (Bayerischen) Wald daher, zieht sich aber dann nordwestlich der Donau hinauf. Die Linie ist etwa Prag, Bayerwald und Nordwesten. Das blaue Wasser (Donau) ist die südliche Grenze. Der zweite Stoßkeil geht von Ost nach West über Sachsen, der dritte von Nordosten nach Südwesten. Jetzt sehe ich die Erde wie eine Kugel vor mir, auf der die Linien der Flugzeuge hervortreten, die nunmehr wie Schwärme von weißen Tauben aus dem Sand auffliegen.

Der Russe rennt in seinen drei Keilen dahin, sie halten sich nirgends auf. Tag und Nacht rennen sie bis ins Ruhrgebiet, wo die vielen Öfen (Hochöfen) und Kamine stehen ... "

Dadurch daß Irlmaier seine Aussagen in zeitlichen Abständen wiederholte, kamen verschiedene Fassungen zustande. Die Wortwahl wechselt, meint aber immer denselben Vorgang, denselben Ablauf:

„Ich sehe die Erde wie eine Kugel vor mir, auf der nun die weißen Tauben heranfliegen, eine sehr große Zahl vom

Sand herauf." (Backmund nach Adlmaier: „Von Süden her.") „Und dann regnet es einen gelben Staub in einer Linie. Die Goldene Stadt wird vernichtet, da fangt es an. Wie ein gelber Strich geht es hinauf bis zu der Stadt in der Bucht. Eine klare Nacht wird es sein, wenn sie zu werfen anfangen. Die Panzer fahren noch, aber die darin sitzen, sind schon tot" („sind ganz schwarz geworden"). „Dort, wo es hinfällt, lebt nichts mehr, kein Baum, kein Strauch, kein Vieh, kein Gras, das wird welk und schwarz. Die Häuser stehen noch. Was das ist, weiß ich nicht und kann es nicht sagen. Es ist ein langer Strich. Wer darüber geht, stirbt. Die herüben sind, können nicht hinüber und die drenteren können nicht herüber. Dann bricht bei den Heersäulen herüben alles zusammen. Sie müssen alle nach Norden. Was sie bei sich haben, schmeißen sie alles weg. Zurück kommt keiner mehr."

An dieser Stelle mag ein am 26. Juli 1981 an Frau Nina Wostall-Misselwitz aus Bayrisch-Gmain an Bürgermeister Breuninger geschriebener Brief mitgeteilt werden:

Sehr geehrter Herr Bürgermeister! Daß Sie mir die Seherkraft des Herrn Irlmaier bestätigt haben, ist für mich eine echte Freude! Denn die meisten Menschen glauben an solche Begabungen nicht oder kaum.
Deshalb ergänze ich meine Angaben, soweit sie für die Allgemeinheit vielleicht von Nutzen sein können, nach meinen Aufzeichnungen vor circa zwanzig Jahren.
Möglicherweise können die Tochter und der Sohn des oben Genannten auch diese Aussagen noch erhärten. Man müßte bloß direkte Fragen zu dem von mir festgehaltenen Bericht stellen. Auch die damalige Sekretärin, jetzt in Salzburg lebend, wird sich zu erinnern wissen, denn sie war meistens dabei, wenn ich mit Herrn Irlmaier sprach. Da ich 1956 nach Hamburg in zweiter Ehe heiratete (vorher hieß ich Eisenberg), hatte Irlmaier Bedenken bezüglich des Ortswechsels, denn er sagte mir immer: „Nach Hamburg

Der Seher

kommt der Russ' in einer halben Stunde". (Er ging vielleicht von der damaligen „Zonengrenze" bei Lübeck aus. Anmerkung des Verfassers.) Worauf ich ihn bat, mir doch einen Fluchtweg zu nennen. Dazu sagte er: „Bis der dritte Mord an einem Hochgestellten geschieht, mußt' laufen!" (Ich bin Autofahrerin). „Nicht auf den Autobahnen, sondern rückwärts auf den Bundesstraßen; die Autobahnen sind alle verstopft. Der Russ' kommt
a) die Ostmarkstraße Regensburg-Nürnberg-Stuttgart-Karlsruhe, ca. fünf Divisionen,
b) die Autobahn nach Frankfurt von Sachsen her, ca. fünfzehn Divisionen,
c) die Autobahn Berlin-Hannover-Hamburg (keine Angabe von Divisionen).
Du mußt gleich nach dem Mord schnellstens an den Rhein kommen, am linksrheinischen Ufer entlang die Straße nach Basel nehmen und nach Lindau über den Bodensee kommen. Nach Lindau kommt der Russe nicht, aber bis Freiburg, nicht weiter. Das mußt du in drei Tagen schaffen. Am vierten ist es schon zu spät." An der Ostseeküste sieht er einen gelbsichtigen Heerwurm kommen. Aber zurück kommt keiner mehr in seine Heimat. Er nahm eine Landkarte von Deutschland, sah nicht dabei hin, als er sprach – ich weiß heute noch, daß ich erschrak –, denn er zog mit seinem Finger eine gerade Linie entlang des Rheins. „Bis daher kommt er, aber nach Frankreich nicht mehr ... " Im Frankfurter Raum sah er das Hauptgeschehen sich entwickeln. In Berlin waren alle Wohnungen unangetastet und in den Fabriken alle Maschinen heil – aber er sah keinen einzigen Menschen.
Mit Gruß etc.

                                                         Unterschrift.

Nach Arthur Hübschers Version sagte Irlmaier darüber hinaus: „Es geht sehr rasch. Von der Donau bis zur Küste herrscht das Grauen. Zwei Flüchtlingszügen

Der Seher

gelingt es noch, den Fluß zu überqueren. Der dritte ist verloren und wird vom Feind eingekreist ..." Daß die Schau mythisch ist, muß ihre Zuverlässigkeit nicht beeinträchtigen: drei Hochgestellte, drei Keile, drei Flüchtlingszüge ...

Nach kurzer Zeit erfolgt nun der schon erwähnte Gegenschlag des Westens. Irlmaier sieht zunächst eine Flugzeugoffensive von Süden her:

„... dann kommen die weißen Tauben, und es regnet auf einmal ganz gelb vom Himmel herunter ... Es ist ein langer Strich ... Von der Goldenen Stadt geht's hinauf bis ans große Wasser (Ostsee) an eine Bucht. In diesem Strich ist alles hin. Dort, wo es angeht (= wo der Strich anfängt), ist eine Stadt ein Steinhaufen. Den Namen darf ich nicht sagen ..." (Sagte er ihn aber nicht doch, als er von der „Goldenen Stadt" sprach?)

Man fragt sich auch, ob Irlmaier mit seiner „Bucht" die Pommersche Bucht oder die Lübecker Bucht im Auge hatte. Man nehme einen Atlas zu Hilfe, um sich die Linie Prag-Bucht anschaulich zu machen; sie ist militärisch hochbedeutend.

Reinhold Ortner deutet 1982 wohl irrtümlich:

„Offensichtlich bekämpfen diese Flugzeuge die Panzer mit Hilfe des Einsatzes von Neutronenwaffen. Irlmaier konnte nicht die geringste Kenntnis von dieser erst in jüngster Zeit entwickelten Waffe haben. Doch schildert er ihre Wirkung erschreckend genau: ‚Eine klare Nacht wird es sein, wenn sie zu werfen anfangen. Die Panzer fahren noch, aber die darin sitzen, sind schon tot ... Die Häuser stehen noch.'"

Es handelt sich aber, nach den Folgen zu urteilen, wohl nicht um eine Neutronenbombenwirkung, sondern um die Wirkung des gelben Staubes, also um die Wirkung chemischer Kriegführung.

Gänzlich irrig ist Ortners Vermutung gleichwohl nicht. 1981 erschien in den USA ein Interview mit dem Erfinder der Neutronenwaffe. Ungefragt enthüllte er dem Reporter, daß er an einer neuen Waffe arbeite, an einer Kombination aus Laser-Strahlen und chemischen Substanzen, die auf dem Laser-Strahl transportiert werden. Sie solle dort eingesetzt werden, wo ein möglicher Angriff zu erwarten sei, zum Beispiel in den Grenzräumen Deutschlands. Erklärlich, daß Präsident Reagan sich für Irlmaiers Text interessierte: Die amerikanische Botschafterin Helene von Damm überreichte ihm 1983 in Wien eine englische Übersetzung.

In anderer Fassung sagt Irlmaier:

„Die Flugzeuge werfen zwischen dem Schwarzen Meer und der Nordsee (nicht Ostsee?) ein gelbes Pulver ab. Dadurch wird ein Todesstreifen geschaffen, pfeilgerade vom Schwarzen Meer bis zur Nordsee, so breit wie halb Bayern. In dieser Zone kann kein Grashalm mehr wachsen, geschweige denn ein Mensch leben. Der russische Nachschub ist unterbrochen."

Wir haben damit erste Eindrücke von dem möglichen Angriff des Warschauer Paktes (oder eines die Flucht nach vorn ergreifenden zerfallenden Imperiums), der vor allem für die Zivilbevölkerung überraschend sein soll. Auch der Umfang und die entsetzlichen Folgen moderner chemischer Kriegführung sind erkennbar geworden.

Dann bricht bei den nach Westen eingedrungenen Angreifern alles zusammen, weil der unüberquerbare lange Strich (die gelbe Linie) den Nachschub aus Osten wirksam unterbricht. Zum Zeitpunkt der Strichziehung sind aber immerhin bereits umfangreiche östliche Kräfte in den Westen eingeflutet.

Der Seher

Nach Irlmaier wird ein auffallendes Himmelszeichen, wahrscheinlich nicht vor, sondern während des Krieges, für große Teile Bayerns oder Europas zu sehen sein.

Bei diesem Geschehen, sagte Irlmaier, sehe er ein großes Kreuz am Himmel stehen, und ein Erdbeben werde unter Blitz und Donner sein, daß alles erschrickt.

Und er höre die Leute entsetzt ausrufen: „Es gibt einen Gott!"

Backmund teilt mit, Adlmaier habe ihm diesen Ausspruch Irlmaiers wörtlich wiedergegeben:

„Während oder am Ende des Krieges seh' ich am Himmel ein Zeichen: der Gekreuzigte mit den Wundmalen. Und alle werden es sehen. Ich habe es schon dreimal gesehen, es kommt ganz gewiß."

Adlmaier erzählt, daß er sich bei dieser Vorhersage Irlmaiers an das Sonnenwunder in Fatima vom 13. Oktober 1917 und an das blutrote, den halben Himmel überziehende Nordlicht in der Nacht vom 20. auf den 21. Jänner 1938 erinnert habe.

Ein anderes Mal sagte Irlmaier:

„Aufs Hauptquartier schmeißen s' was runter; eine Kirche seh ich auf einem Berg; der Altar schaut nach Norden; die Kirche seh ich brennen. Die Städter gehen aufs Land zu den Bauern und holen das Vieh aus dem Stall."

Auf die Frage, um welche Jahreszeit es sein werde, sagte Irlmaier:

„Das kann ich nur aus den Zeichen ablesen. Auf den Gipfeln der Berge liegt Schnee. Es ist trüb und regnerisch und Schnee durcheinander. Herunten ist es aper. (Aper, nach Schmellers Bayerischem Wörterbuch: von aperire, offen, unbedeckt; beim Boden: wenn der Schnee abgeht oder abgegangen ist; Anmerkung des Verfassers.) Gelb schaut es her. Der Krieg in Korea ist längst aus. (Diese Aussage stammt vom Dezember 1952.) Während des Krieges kommt die große Finsternis, die 72 Stunden dauert."

Der Seher

Im Vergleich dazu Josef Stockert („Der mahnende Finger Gottes"): „Die große Katastrophe wird natürlich beginnen und übernatürlich enden."

In der letzten Unterredung mit Irlmaier, die im Frühjahr 1959 stattfand, sprach der Hellseher von diesem Phänomen ausführlich:

„Finster wird es werden an einem Tag unterm Krieg. Dann bricht ein Hagelschlag aus mit Blitz und Donner, und ein Erdbeben schüttelt die Erde. Dann geh nicht hinaus aus dem Haus! Die Lichter brennen nicht, außer Kerzenlicht, der Strom (elektrisch) hört auf. Wer den Staub einschnauft, kriegt einen Krampf und stirbt. Mach die Fenster nicht auf, häng sie mit schwarzem Papier zu. Alle offenen Wasser werden giftig und alle offenen Speisen, die nicht in verschlossenen Dosen sind. Auch keine Speisen in Gläsern, die halten es nicht ab. Draußen (außerhalb der Häuser) geht der Staubtod um, es sterben sehr viel Menschen. Nach 72 Stunden ist alles wieder vorbei. Aber noch einmal sage ich es: Geh nicht hinaus, schau nicht beim Fenster hinaus, laß die geweihte Kerze oder den Wachsstock brennen. Und betet. Über Nacht sterben mehr Menschen als in den zwei Weltkriegen."

Wenn Irlmaier vom Staub spricht, müssen wir zunächst einmal zwei verschiedene Arten von Staub unterscheiden: Der zuletzt hier beschriebene Staub, der durch Atemkrampf den sicheren Tod bringt, ist vermutlich kosmischen Ursprungs und eine Begleiterscheinung der 72stündigen Finsternis. (Im „Lied von der Linde" heißt es: „Winter kommt, drei Tage Finsternis, Blitz und Donner und der Erde Riß.") Der kosmische Staub ist nicht zu verwechseln mit dem ebenfalls todbringenden gelben Staub „in einer Linie", der gemäß Irlmaiers Voraussage von den „weißen Tauben" (Flugzeugen) als Maßnahme chemischer Kriegführung abgeworfen wird.

Es ist verlockend, Irlmaiers Worte mit einer Prophetie der Anna Maria Taigi zu vergleichen. Auch Franziska

Maria Beliante schrieb: „Ganz Europa wird in einen gelben Dunst gehüllt ... Das Vieh auf den Weiden wird an diesem Dunst sterben."

Auf die Frage: Was sollen die Leute tun, um die große Finsternis und den kosmischen Staub zu überstehen, antwortete Irlmaier:

„Kauft ein paar verlötete Blechdosen mit Reis und Hülsenfrüchten. Brot und Mehl hält sich, Feuchtes verdirbt, wie Fleisch, außer in blechernen Konservendosen. Wasser aus der Leitung ist genießbar, nicht aber Milch. Recht viel Hunger werden die Leute so nicht haben, während der Katastrophe und Finsternis.

Macht während der 72 Stunden kein Fenster auf. Die Flüsse werden so wenig Wasser haben, daß man leicht durchgehen kann. Das Vieh fällt um, das Gras wird gelb und dürr, die toten Menschen werden ganz gelb und schwarz. Der Wind treibt die Todeswolken nach Osten ab."

Die Angabe: „Wasser aus der Leitung ist genießbar" ließe sich einschränken: sofern aus der Leitung überhaupt noch Wasser rinnt. Ein sterilisierter Ganzmetall-Behälter, zuvor mit abgekochtem oder haltbar gemachtem Wasser gefüllt, ist Minimal-Vorbereitung. Auch andere Vorbereitungen zum Schutz gegen die Finsternis und für die Nachkriegszeit ließen sich treffen. Wichtig sind überlegte Anti-Staub-Maßnahmen, denn es gibt durch Krieg und Kriegsfolgen nicht nur die von Irlmaier beschriebenen zwei Staubarten, sondern deren drei: chemischen Staub, kosmischen Finsternis-Staub und radioaktiven Strahlen-Staub.

Besonders auffällig ist eine Übereinstimmung zwischen den 1953 erstmals in den (einem verhältnismäßig begrenzten Personenkreis zugänglichen) Missionsblättern von Sankt Ottilien veröffentlichten Feldpostbriefen des bayerischen Soldaten Andreas Rill und den bereits 1946/47 einsetzenden Voraussagen Alois Irlmaiers. Bei Irlmaier heißt es: „Die Flüsse werden so wenig Wasser

Der Seher

haben, daß man leicht durchgehen kann", bei Rill: „Die Flüsse sind alle so seicht, daß man keine Brücke mehr braucht zum Hinübergehen." Ob Irlmaier damit (diese Überlegung stellte der Verfasser in einem früheren Buch an) die behördlicherseits verfügte Austrocknung der natürlichen Feuchtgebiete und das stetige Absinken des Grundwasserspiegels gemeint haben könnte?

Auf die Frage, wie lange dieser Krieg dauern werde, antwortete Irlmaier:

„Ich sehe deutlich einen Dreier, aber ob es drei Tag', drei Wochen oder drei Monate sind, weiß ich nicht. Am Rhein sehe ich einen Halbmond, der alles verschlingen will. Die Hörner der Sichel wollen sich schließen. Was das bedeutet, weiß ich nicht."

An dieser Stelle sei die Papstprophezeiung des 1094 geborenen Bischofs Malachias erwähnt. „Von Petrus bis ans Ende der Welt" hat er einhundertzwölf Päpste mit Symbolen belegt. „Flos florum" (Blume der Blumen) ist nach Malachias das Kennwort für Papst Paul VI. „De medietate lunae" (von der Hälfte des Mondes) hieße nach dieser Symbolik der nächste Papst. (Es kann damit auch die Mitte eines Monats gemeint sein.) Es sei auch darauf hingewiesen, daß der nächste Name in der Reihenfolge „De labore solis" (von der Sonnenfinsternis) lautet.

Norbert Backmund meldet in seinem Buch „Hellseher schauen die Zukunft" manchen Aussagen Irlmaiers gegenüber Zweifel an. Ob sie berechtigt sind, bleibe dahingestellt:

„Unter den Prophezeiungen Irlmaiers ist einiges, was unseren Widerspruch herausfordert. Das allen sichtbare Kreuz am Himmel, die dreitägige Finsternis, der Umstand, daß Brot und Wasser die einzigen Lebensmittel sind, die nicht atomverseucht werden, daß die Russen so blitzschnell uns überfallen, daß unsere Bundeswehr anscheinend gar nichts davon ahnt und keinen Widerstand entgegengesetzt, daß das mächtige Rußland gar so schnell und so gründlich besiegt wird, daß nachher eine schöne Zeit kommt, daß bei uns Feigen und Zitronen wachsen, daß die Leute nachher alle fromm und tugendhaft werden und der Glaube wieder zu Ehren kommt – ich kann das alles nicht recht glauben. Alois, hast du dich da nicht geirrt? Nicht wieder einmal danebengetippt? Nun, wir werden ja sehen."

Im Zusammenhang mit Backmunds Frage, ob es den Russen gelingen könne, uns „so blitzschnell zu überfallen", verdient Erwähnung, daß unter Gorbatschow – laut Brigadegeneral a. D. Paul Scherer – mehr Panzer produziert wurden, als die NATO insgesamt besitzt. (Die schockierend hohe Zahl sowjetrussischer Opfer des Hitlerkrieges darf als Grundursache solcher beispiellosen Aufrüstung freilich nicht außer acht gelassen werden.)

Backmund muß es hienieden nicht mehr „sehen"; er starb am 1. Februar 1987. Allerdings empfing der Verfasser am 19. November 1989 den Brief eines Bundeswehr-Offiziers, der Backmunds Zweifel teilweise ausräumt.

Es hat sich in den Jahren seit der gern beschworenen „Wende" zwar vieles verändert, manche Berichte haben sich verlagert, es gibt scheinbar keinen Kommunismus mehr, die östliche Militärlogistik mag veraltet sein – gleichwohl blieb es bei der westlichen Unterlegenheit, beim leichtsinnigen Aberglauben der Bundesrepublik an den ewigen Frieden, bei der Verschwendung ihrer finanziellen Mittel für jede Art von vermeintlichem Fortschritt und dem unaufhörlichen Abbau ihrer Verteidigungskräfte.

Der Brief liegt vor, sein Verfasser muß aus verständlichen Gründen ungenannt bleiben:

„In der heutigen Zeit Offizier zu sein, ist eine bittere Angelegenheit. Als ich mit neunzehn Soldat wurde, hatte ich von diesem Beruf noch recht idealistische Vorstellungen. Inzwischen hat die Waffentechnik in ihrem Irrwitz solche ‚Fortschritte' in der Auslöschung von Menschenleben gemacht, daß es einem graut. Es steht nicht mehr

Der Seher

Mensch gegen Mensch, sondern Maschinen ist das Feld überlassen. Die Entscheidung, zu töten, ist intelligenten Mikrochips übertragen, die automatisch handeln und ohne weiteres Zutun Gottes Schöpfung auslöschen: Angefangen bei ‚intelligenten' Streuminen über Kleinflugzeuge ohne Piloten bis hin zu Satellitenbomben. Und ich bin mit dabei und schuldig. Auf der anderen Seite bedroht der Rote Bär unsere Heimat nach wie vor. Er wirft rosa Schlingen aus und hat Kreide gefressen. Die konventionelle Übermacht des Warschauer Paktes ist immens:

Sowjetunion:	217	Divisionen
DDR:	6	Divisionen
Polen:	15	Divisionen
Ungarn:	5	Divisionen
Tschechei:	10	Divisionen
Bulgarien:	5	Divisionen

Das sind 258 Divisionen nur an Kampftruppen gegen 11 1/2 Divisionen der Bundeswehr und 9 Divisionen aus den USA, von denen aber nur *Teile* in Europa stationiert sind.

Der Seher

Mehr sind es nicht!! Das weiß kaum einer. Dazu ein paar Briten, Belgier, Dänen, Holländer. Eventuell die Franzosen, die nicht in der NATO sind, mit Fünfzehn Divisionen. Ein überraschender Angriff im Sommer trifft die Bundesrepublik, wenn 50 % der Soldaten im Urlaub sind. Am Wochenende ist sowieso alles zu Hause! In der Kaserne sind dann nur noch elf Soldaten Wache, ein paar Telephonposten und zwei Sanitäter. Am Wochenende und bei Nacht sind die Roten eher in den Grenzkasernen als die Masse der Panzerbesatzungen. Aber unsere Eintags-Politiker gehen ja von einer Krise aus, die uns reichlich Vorbereitungszeit läßt. Es wird genau so kommen, wie die Seher es beschrieben haben. Auch der gelbe Strich stimmt. Die USA werden damit die 1. und 2. strategische Staffel trennen. Im Pentagon arbeitet man an der Lösung dieses Problems seit zehn Jahren; dann haben wir nicht den ganzen Feind zugleich auf dem Hals."

Im Osten ist vieles in Bewegung geraten, aber das erhöht eher die Gefahr, denn sie zu vermindern.

Und das Schicksal der Welt?

Irlmaier sagte:

„Im Stiefelland (Italien) bricht eine Revolution aus, ich glaube, es ist ein Religionskrieg, weil sie alle Geistlichen umbringen. Ich sehe Priester mit weißen Haaren tot am Boden liegen. Hinter dem Papst ist ein blutiges Messer, aber ich glaub, er kommt ihnen im Pilgerkleid aus. Er flieht nach Südosten oder übers große Wasser, genau kann ich es nicht sehen."

In Backmunds Fassung heißt es an anderer Stelle:

„Ich sehe eine rote Masse, und gelbe Gesichter sehe ich dazwischen, und gegen Süden zu. Der Papst kommt ihnen aber aus und flüchtet verkleidet übers Wasser. Nach kurzer Zeit kehrt er aber wieder zurück, wenn die Ruhe wiederhergestellt ist.

Hernach wird er die Krönung feiern. Wir müssen viel beten, daß die Greuel abgekürzt werden.

Der Seher

Die Stadt mit dem eisernen Turm wird das Opfer der eigenen Leute. Sie zünden alles an. Revolution ist, und wild geht's her. Die Inseln vor der Küste (vermutlich Nordseeinseln) gehen unter, weil das Wasser ganz wild ist. Ich sehe große Löcher im Meer, die fallen dann wieder zu, wenn die riesigen großen Wellen zurückkommen.

Die schöne Stadt am blauen Wasser (Venedig? Nicht doch eher Marseille?) versinkt fast ganz im Meer und im Schmutz und Sand, den das Meer hinauswirft. Drei Städte sehe ich versinken gegen Süden, gegen Nordwesten und gegen Westen."

Adlmaier teilte Backmund folgenden Ausspruch Irlmaiers mit:

„Ein Teil Englands verschwindet, wenn das Ding ins Meer fällt, das der Flieger hineinschmeißt. Dann hebt sich das Wasser wie ein festes Stück und fällt wieder zurück. Was das ist, weiß ich nicht."

Irlmaier sah auch, daß gelbe Menschen über Alaska nach Kanada und in die USA einbrechen, aber zurückgeschlagen werden. (Auf die mögliche Rolle Chinas im dritten Weltkrieg soll im Anhang dieses Kapitels hingewiesen werden.) Er sah, daß eine große Stadt durch Raketengeschosse vernichtet wird. Die Frage, ob damit New York gemeint sei, konnte er nicht beantworten.

Weiter sagte Irlmaier:

„In Rußland bricht eine Revolution aus und ein Bürgerkrieg. Die Leichen sind so viel, daß man sie nicht mehr wegbringen kann von den Straßen. Das Kreuz kommt wieder zu Ehren. Das russische Volk glaubt wieder an Christus. Die Großen unter den Parteiführern bringen sich um und im Blut wird die lange Schuld abgewaschen. Ich sehe eine rote Masse, gemischt mit gelben Gesichtern, es ist ein allgemeiner Aufruhr und grausiges Morden. Dann singen sie das Osterlied und verbrennen Kerzen vor schwarzen Marienbildern. Durch das Gebet der Christenheit stirbt das Ungeheuer aus der Hölle; auch die jungen Leute glauben wieder an die Fürbitte der Gottesmutter."

(Wieviel von dieser 1947 und auch 1950 bis 1959 noch gänzlich unglaublichen Prophetie 1990 bereits eingetroffen ist, bleibe dem Urteil des Lesers überlassen.)

Auf wiederholte Fragen bekräftigte Irlmaier – "Der dritte Mord ist geschehen." (Ist also die manchmal vertretene Version, daß zwei einen Dritten ermorden, irrtümlich? Gibt es, wie nach dieser Fassung zu vermuten, wirklich dreierlei Morde?) "Dann ist Krieg. Durch eine Naturkatastrophe oder etwas ähnliches ziehen die Russen plötzlich nach Norden." An anderer Stelle: "Die Russen müssen nach Norden, weil die Natur eingreift."

"Um Köln entbrennt die letzte Schlacht. Nach dem Sieg wird ein Kaiser vom fliehenden Papst gekrönt. Wie lang das alles dauert, weiß ich nicht. Ich sehe drei Neuner. Der dritte Neuner bringt den Frieden.

Wenn alles vorbei ist, da ist ein Teil der Bewohner dahin, und die Leute sind wieder gottesfürchtig. *Die Gesetze, die den Kindern den Tod bringen, werden ungültig nach der Abräumung.*" (Hervorhebung durch den Verfasser.) Wohlweislich: Dies hat Irlmaier 1947 vorhergesagt.

"Friede wird dann sein. Eine gute Zeit. Drei Kronen seh' ich blitzen, und ein hagerer Greis wird unser König sein. Auch die uralte Krone im Süden kommt wieder zu Ehren."

Adlmaier setzt in Klammern dahinter die Frage: "Ungarn?" Der Verfasser möchte fragen: Bayern? Oder ist Bayern ohnehin gemeint und deutet das Wort "auch" auf ein anderes Land? (Arthur Hübscher – berühmter Schopenhauer-Forscher, in den zwanziger Jahren Feuilleton-Redakteur der *Münchener Neuesten Nachrichten* – formuliert Irlmaiers Text so, wie er sich aus einem Vergleich der verschiedenen Überlieferungen ergibt: Ich sehe, daß noch drei Könige gekrönt werden: der ungarische, der österreichische und der bayerische).

Der Seher

„Der Papst, der nicht lang flüchten mußte übers Wasser, kehrt zurück. Blumen blühen auf den Wiesen, da kommt er zurück und trauert um seine ermordeten Brüder."

Adalbert Schönhammer (siehe Literaturverzeichnis) teilte 1978 mit:

„Nach der Veröffentlichung eines Verfassers, eines katholischen Priesters, der ungenannt bleiben möchte, sah Irlmaier den Ausbruch des Krieges so: ‚Alles ruft Frieden, Schalom! Da wird's passieren. – Ein neuer Nahostkrieg flammt plötzlich auf, große Flottenverbände stehen sich im Mittelmeer feindlich gegenüber – die Lage ist gespannt. Aber der eigentliche zündende Funke wird im Balkan ins Pulverfaß geworfen: Ich sehe einen ‚Großen' fallen; ein blutiger Dolch liegt daneben. (Der gern untertreibende Irlmaier bezeichnet hier möglicherweise einen der wirklich ganz Großen.) – Dann geht es Schlag auf Schlag. Massierte Truppenverbände marschieren in Belgrad von Osten her ein und rücken nach Italien vor. Gleich darauf stoßen drei gepanzerte Keile nördlich der Donau blitzartig über Westdeutschland in Richtung Rhein vor – ohne Vorwarnung. Das wird so unvermutet geschehen, daß die Bevölkerung in wilder Panik nach Westen flieht. Viele Autos werden die Straßen verstopfen – wenn sie doch zu Hause geblieben wären oder auf Landwege auswichen! Was auf Autobahnen und Schnellstraßen ein Hindernis ist für die rasch vorrückenden Panzerspitzen, wird niedergewalzt. (Verspätete Flucht ist panische Flucht und endet in vielen Fällen als Fehlschlag).

Ich sehe oberhalb Regensburg keine Donaubrücke mehr. Von Frankfurt bleibt kaum etwas übrig. Das Rheintal wird verheert werden, mehr von der Luft her. – Augenblicklich kommt die Rache über das große Wasser. Zugleich fällt der gelbe Drache in Alaska ein. Jedoch er kommt nicht weit.' "

Ein Leser aus Westfalen, dessen Name und Anschrift

bekannt sind, schrieb dem Verfasser am 26. November 1977. Er bezog sich auf den Seher von Freilassing, über den er sich nähere Angaben wünschte:

„Von Irlmaier wissen Sie ganz sicher noch Dinge, die nicht veröffentlicht werden können, wofür ich am meisten Verständnis habe. Sie haben bestimmt mit vielen Leuten gesprochen, die ihn kannten und von ihm weitere Aussagen vernommen haben."

Ich antwortete auf diesen Brief folgendes (wobei die eine oder andere Wiederholung nur scheinbar eine solche ist): „Eine weitere bisher unveröffentlichte Prophezeiung Irlmaiers besagt, daß im Verlaufe des kommenden Krieges das ganze Gebiet östlich von Linz (nördlich der Donau) eine einzige Wüste werden wird. Erst dann kommt – immer nach Irlmaier – die Bekehrung Rußlands, Friede und eine fromme Zeit." Eine der eindrucksvollsten Stellen heißt: „Schwärme von Tauben steigen aus dem Sand (Afrika) auf. Zwei Rudel erreichen das Kampfgebiet von Westen nach Südwesten ... Die Geschwader wenden nach Norden und schneiden den dritten Heereszug ab. Von Osten wimmelt es an der Erde von Raupen. Aber in den Raupen sind alle schon tot, obwohl die Fahrzeuge weiterrollen, um dann allmählich von selbst stehen zu bleiben. Auch hier (wie vorher auf das Hauptquartier) werfen die Flieger ihre kleinen schwarzen Kästchen ab. Sie explodieren, bevor sie den Boden berühren, und verbreiten einen gelben oder grünen Rauch oder Staub. Was drunter kommt, ist hin, ob Mensch, Tier oder Pflanze. Ein Jahr lang darf kein Lebewesen dieses Gebiet mehr betreten, ohne sich größter Lebensgefahr auszusetzen. Am Rhein wird der Angriff endgültig abgeschlagen. Von den drei Heereszügen wird kein Soldat mehr nach Hause kommen."

In einer weiteren Irlmaier-Vorhersage heißt es:

„Ein einzelnes Flugzeug, das von Osten kommt, wirft einen Gegenstand ins große Wasser. Da hebt sich das Wasser wie ein einziges Stück turmhoch und fällt wieder herunter. Alles wird überschwemmt. Es gibt ein Erdbeben. Der südliche Teil Englands rutscht ins Wasser ab. Drei große Städte werden untergehen: eine wird im Wasser zugrunde gehen (London?), die zweite steht kirchturmtief im Meer (Marseille?), und die dritte fällt zusammen."

In anderer Fassung lautet diese Stelle:

„Die Länder am Meer (Holland, Belgien, deutsche Küste, Dänemark?) sind vom Wasser schwer gefährdet, das Meer ist sehr unruhig, haushoch gehen die Wellen; schäumen tut es, als ob es unterirdisch kochte. Inseln verschwinden, und das Klima ändert sich. Ein Teil der stolzen Insel (England?) versinkt, wenn das Ding ins Meer fällt, das der Flieger hineinschmeißt. Dann hebt sich das Wasser wie ein festes Stück und fällt wieder zurück. Was das ist, weiß ich nicht. Wann es kommt, weiß ich nicht."

Zur Erklärung: Die in der Nordsee explodierende nukleare Bombe löst ein Erdbeben aus. Dieses Erdbeben steht möglicherweise in Verbindung mit einem unterirdischen Vulkanausbruch („... schäumen tut es, als ob es unterirdisch kochte ..."). Die Kombination Vulkanausbruch-Erdbeben ist nicht ungewöhnlich, denn der Ausbruch eines Vulkans geht oft mit einem gleichzeitigen Erdbeben einher. Eigenartigerweise spricht der schon erwähnte skandinavische Seher Johansson von ähnlichen Vorgängen: „... ein gewaltiges Erdbeben, das mit einem Vulkanausbruch in der Nordsee im Zusammenhang stand."

In einem weiteren Gespräch mit Conrad Adlmaier wandelte Irlmaier seine Worte ein wenig ab:

„Es geht über Nacht los. Es geht in drei großen Linien westwärts. Der unterste Heerwurm kommt über den Wald daher, zieht sich dann aber nordwestlich der Donau, um in gleicher Richtung wie die zwei anderen Heeressäulen dem Rhein zuzustreben. Es geht sehr rasch." Das Hauptquartier beschrieb Irlmaier haargenau, nannte

Der Seher

sogar den Namen und zeichnete den ungefähren Punkt auf. Er sagte: „Dort ist eine Kirche, in der der Altar nicht nach Osten, sondern nach Norden zeigt."

„Dann steigen so viel Tauben (Flieger) aus dem Sand (Afrika?) auf, daß ich sie nicht zählen kann. Die fliegen über uns weg, brauchst aber koa Angst haben, bei uns werfens nix runter. Aber dort, wo 's Hauptquartier ist, schmeißens des schwarze Kastl runter, na is alles hin."

Irlmaier spricht vom Naabtal und von einer Kirche, deren Altar nach Norden weist. Es gibt mehrere solcher Orte. Irlmaier soll mit dem Finger auf einer Landkarte den fraglichen Ort gezeigt haben. Es war nicht in Erfahrung zu bringen, welche Ortschaft er gemeint hat. (Aber selbst im Fall ihres Bekanntseins wäre der Name nicht mitteilbar).

„Dann fliegens nach Norden. In der Mitte steht ein Fleck, da lebt gar nix mehr, koa Mensch, koa Viech, koa Gras. Sie fliegen ganz nauf, wo die dritte Heeresmasse reinkommen is, und schneiden alles ab. Dann werns alle umbracht, hoam kommt koaner mehr von de drei Heereszüge." Des verzweifelten Gegners Antwort bleibt nicht aus; Irlmaier hat immer wieder davon gesprochen: „Da seh ich aber oan daherfliegen von Osten, der schmeißt was in das große Wasser, na g'schieht was Merkwürdiges. Da hebt sich das Wasser wie ein einziges Stück turmhoch und fällt wieder runter, dann werd alles überschwemmt. Es gibt ein Erdbeben und de groß Insel werd zur Hälfte untergehen (England).

Die ganze Sach werd net lang dauern, i siehg drei Strich – drei Tag, drei Wochen, drei Monat, i woaß net genau, aber lang dauert's net!"

Als Conrad Adlmaier einwarf: „O mei, Irlmaier, da is' gfehlt, wenn die Rotjankerl kommen, die schneiden uns alle die Gurgel ab", meinte er beruhigend: „Da brauchst gar koa Angst net haben, dir passiert gar nix, überhaupts wir da herinnen, vom Watzmann bis zum Wendlstoa, uns gschieht nichts, weil uns d'Mutter Gottes von Altötting schützt, da kimmt keiner her, das ist wahr, das darfst mir glauben, was ich dir sag, das woaß i ganz gwiß. Aber wo anderscht, da schaugts schiach aus, das mag i dir gar net erzählen."

Irlmaier schilderte auch soziale Unruhen in einem Land „über dem Wasser", schwere Kämpfe im Westen, die zu einer Feuersbrunst in der Hauptstadt führen.

Im Verlauf eines Gespräches beschrieb Irlmaier die „schwarzen Kastl" und deutet die Größe mit etwa 25 x 25 Zentimeter an.

„Des san Teufelsbrocken", meinte er. „Wenn sie explodieren, dann entsteht ein gelber und grüner Staub oder Rauch; was drunter kommt, ist hin, ob's Mensch, Tier oder Pflanze ist. Die Menschen werden ganz schwarz und das Fleisch fällt ihnen von den Knochen, so scharf ist das Gift."

Aus der „Kastlform" (Quader oder Würfel) kann man ablesen, daß es sich bei dieser „Bombe" um einen Massentyp handelt. Viele Tausende dieser Sprengkörper sollen kompakt befördert werden. Aus der „gelben und grünen Farbe" kann man schließen, daß es sich um eine „Binäre Waffe" handelt; dabei werden zwei relativ ungefährliche Substanzen nach dam Abwurf der Bombe gemischt und erzeugen als Reaktionsprodukt eine hochgefährliche Substanz (zum Beispiel Nervengas). Über den von Irlmaier beschriebenen Stoff läßt sich spekulieren. Ein an den Verfasser gerichteter Brief des Titiseer Arztes Dr. Hans Rosenkötter vom 29. März 1992 bezieht sich ebenfalls auf diese Stelle:

„1983 befragte ich Herrn Professor Messerschmidt, seinerzeit Leiter des Laboratoriums für experimentelle Radiologie der Technischen Universität München nach Einzelheiten, die mit einem Neutronenbombardement verbunden sind. Die Antwort: In großer – in sehr großer Höhe operierende Flugzeugverbände werfen die Bomben an Fallschirmen ab. Die Zündung erfolgt in einer Höhe von 250–180 m über dem Boden. Nach der Explosion sinkt ein gelb-grün phosphoreszierender Staub zur Erde, für alles Lebendige tödlich. Es herrscht eine ausgesuchte Wetterlage: Windstille, damit die Fallschirme nicht abgetrieben, der radioaktive Staub nicht verblasen und in seiner Konzentration abgeschwächt werde; Wolkenlosigkeit, damit Dampf- und Nebelschwaden den strahlenden Staub nicht resorbieren und in seiner Wirkung mindern können. –

Daraufhin legte ich ihm die Adlmaier'sche Fassung der Prophezeiung Irlmaiers vor. Professor Messerschmidt antwortete darauf: „So, genauso und nicht anders hat man sich den Angriff mit Neutronenwaffen in seinem äußeren Ablauf vorzustellen. Es ist bis dato offen geblieben, welcher Art der tödliche Staub ist, den Irlmaier beschrieb. Nach meiner Auffassung besteht kein Zweifel daran, daß es sich um einen Neutronengürtel handelt, der Europa in einer Breite von 30–60 km durchschneidet."

Auch die Beschreibung: „Lauter Feuer is am Boden" wird von Irlmaier überliefert. Ob es wirklich Flammen sind, wußte er nicht eindeutig zu sagen. Er sah Feuer, aber er meinte, daß das doch etwas anderes sei: ein verheerendes Mittel, das kein menschliches, kein tierisches, ja selbst kein pflanzliches Wesen dort leben läßt, wo dieses „Feuer" hingefallen oder aufgegangen ist.

„Von K. (Klagenfurt, Kärnten?) aus fliegen die Feuerzungen unermeßlich weit nach Nordwesten, nach Westen und nach Süden. Ich sehe sie wie Kometenschweife. Wir haben aber nichts zu fürchten. Nur einmal geht eine Zunge zu kurz, und dann brennt eine kleine Stadt ab, die ist aber nördlich vom Saurüssel."

Die Angabe „zu kurz" läßt darauf schließen, daß die „Feuerzungen" aus dem Süden „lecken". (Einmal meinte Irlmaier allerdings, er sehe diese Feuerzungen, die wie Kometenschweife heranjagen, von Osten kommen –

Der Seher

Kiew?) Es war Arthur Hübscher, nach dessen Überlieferung Irlmaier sagte: Nur einmal geht eine Zunge zu kurz, dann brennt eine kleine Stadt nördlich vom „Saurüssel" ab. (Der „Saurüssel" ist die Landschaft zwischen Inn und Salzach und umfaßt ein von der Salzachmündung nicht zu fernes Gebiet, das sich nicht genau eingrenzen läßt.)

Irlmaier sah es so (und sagte es immer wieder):

„Südostbayern (der Saurüssel) wird beschützt, da breitet die ‚liebe Frau von Altötting' ihren Mantel darüber ... Das Alpenland wird von Norden und Süden ein wenig hineingezogen. Aber im Osten des Landes ist Ruhe." Lediglich von Landau an der Isar meinte er, daß es durch eine verirrte Bombe oder Rakete zu leiden haben werde. Um Landau ist angeblich „weitum alles gelb und vernichtet."

„Die Münchener brauchen keine Angst haben, unruhig wird's schon sein, aber es passiert nicht viel. Und schnell geht's vorüber.

Glauben tun's mir viele nicht, ich weiß es auch nicht, was der Herrgott tut, aber was ich sehe, das darf ich sagen, ohne daß ich ein Prophet sein will. Schließlich stehn wir alle in Gottes Hand. Aber wer ans Kreuz nicht glaubt, den wird's zermalmen."

Bei anderer Gelegenheit sagte Irlmaier zu diesen Vorgängen (siehe Schönhammers bereits zitierte Mitteilung):

„Massierte Truppenverbände marschieren in Belgrad von Osten her ein und rücken nach Italien vor. Gleich darauf stoßen drei gepanzerte Keile nördlich der Donau blitzartig über Westdeutschland in Richtung Rhein vor – ohne Vorwarnung."

Schönhammer knüpft daran die Überlegung:

„Das wird so unvermutet passieren, daß die Bevölkerung in wilder Panik nach Westen flieht. Viele Autos werden die Straßen verstopfen – wenn sie doch zu Hause geblieben wären oder auf Landwege ausgewichen! Was auf Autobahnen und Schnellstraßen ein Hindernis ist für die vorrückenden Panzerspitzen, wird niedergewalzt."

Der Seher

Irlmaier fahrt fort:

„Die große Stadt mit dem hohen eisernen Turm steht im Feuer. Aber das haben die eigenen Leut anzündt, net die, die vom Osten hermarschiert sind. Und die Stadt wird dem Erdboden gleichgemacht, das siehg i ganz genau. Und in Italien geht's bös her. Da bringens viel Leut um, und der Papst kommt ihnen aus, aber viel Geistliche wern umbracht, viele Kirchen stürzen ein.

Dann aber kommt der Papst wieder zurück und er wird noch drei Könige krönen, den ungarischen, den österreichischen und den bayerischen. Der is ganz alt und hat schneeweiße Haar, er hat d' Lederhosen an und is unter de Leut wia seinesgleichen."

Nach Irlmaiers Schau scheint also die von Churchill 1945 ins Auge gefaßte horizontale Grenze nördlich der Main- und Donau-Linie Wirklichkeit zu werden. Freilich datiert Irlmaier die Überwindung des deutschen Zentralstaates und der für Bayern paralysierenden Folgen des insgesamt nur zu 74 Jahren gekommenen sogenannten Zweiten und Dritten Reichs erst nach dem „großen Abräumen" des dritten „Weltgeschehens".

Aus der Fülle der bezeugten Gesichte seien noch einige Einzelheiten mitgeteilt. Irlmaier sagte über den Umfang der Mobilmachung in der Bundesrepublik Deutschland sowie über anschließende Besatzungsdienste in östlichen Gebieten:

„Unsere jungen Leute müssen noch einrücken, Freiwillige werden noch in die Kämpfe verwickelt, die andern müssen fort zur Besatzung und werden drei Sommer dort bleiben, bis sie wieder heimkommen. Dann ist Frieden, und ich sehe die Christbäume brennen ... "

„In Deutschland (berichtet Irlmaier), muß noch alles zum Militär, die jungen Leute werden noch Soldaten. Sie werden aber nicht mehr kämpfen müssen, sondern als Besatzer da bleiben oder verwendet werden. Durch eine Naturkatastrophe oder etwas ähnliches ziehen die Russen plötzlich nach Norden. Um Köln entbrennt die letzte Schlacht. Nach dem Sieg wird ein Kaiser vom fliehenden Papst gekrönt, und dann kommt der Friede."

Die Krönungen verschiedener Könige und eines Kaisers müssen keinen Widerspruch bedeuten. Schönhammer vermutet: Möglicherweise ist der österreichische König der große Monarch und Kaiser in einer Person.

An einer anderen Stelle sagt Irlmaier: „Auch die uralte Krone im Süden kommt wieder zu Ehren." Er sieht folgerichtig die im Lauf der Geschichte oft als „Reich" bezeichnete und von Churchill für wiederherstellungswürdig gehaltene Donaulinie Bayern-Österreich-Ungarn.

Die Schilderung einer Kaiserkrönung im Dom zu Köln, inmitten eines wiederherzustellenden katholischen Reiches oder Bundes, läßt keinen Zweifel daran aufkommen, daß es sich hierbei um eine wirkliche Krönung, um die Wiedereinführung der alten Kaiserwürde handeln muß. Erwähnt man heutzutage (laut Schönhammer) im Gespräch auch nur die Möglichkeit, daß die Republik eines Tages wieder durch eine Monarchie abgelöst werden könnte, stößt man durchwegs auf Verwunderung, Ablehnung und Widerspruch. Das muß nicht immer so bleiben. Das „Römische Reich", nicht minder dessen Fortsetzung „der Deutsche Bund", dem – in der geräumigsten deutschen Friedensepoche – eine lange Reihe europäischer Monarchien angehörten, sind mögliche Gegenmodelle zum Zentral- und Nationalstaat Bismarcks, dem, wie die Dinge liegen, vielleicht erst in einem Dritten Weltkrieg abgeschworen wird.

Aber auch dann, wenn man weiß, wie weit unsere stets heiteren, den stündlichen Fortschritt preisenden, um eine Mehrheit nach jeder Richtung lachenden Wohlstandspolitiker von der Erkenntnis öffentlicher Not entfernt sind, kann es einem angst und bang um die Zukunft werden. Vermeiden sie es doch strikt, um dieser Mehrheit willen, die Risiken der Industriegesellschaft unter dem Vorbehalt ihrer Lernfähigkeit einzugehen, weigern sich, die kollektive Raserei auf unseren Straßen in der Nachbarschaft jener Raserei zu sehen, die mit Hexenverbrennungen endete, sträuben sich dagegen, atomtechnische Anlagen aus dem Blickwinkel des Ausstiegs zu betrachten, also die Beweislast umzukehren und für einzig zulässig zu erklären, was beim heutigen Stand der Wissenschaft die Allgemeinheit nicht gefährdet, das heißt, den Weg der Energieeinsparung durch Anhebung der Energiepreise für gleichermaßen alle Energieträger zu gehen. Bedenkt man dies, beginnt man zu ahnen, daß wir schon mitten in Irlmaiers Welt sind.

„Der dritte Mord ist geschehen – und der Krieg ist aus. Wenn alles vorbei ist, dann ist ein Teil der Bewohner hin, und die Leute sind wieder gottesfürchtig ... "

In diesem Satz, der Kriegsbeginn und Kriegsende umfaßt, spricht Irlmaier eindeutig von *drei* dem Kriegsbeginn vorausgehenden Morden.

„Wenn's herbsteln tut, sammeln sich die Völker wieder. Nach dem Krieg (Weltgeschehen) ist kein richtiger Winter mehr. Es ist wärmer geworden."

(Der Vierzehner-Krieg hieß 1946/47 immer noch „Weltkrieg". Die Bezeichnungen „Zweiter Weltkrieg" oder gar „Dritter Weltkrieg" setzten sich zu diesem Zeitpunkt erst allmählich durch.)

„Ich sehe in späterer Zeit Weinberge und Südfrüchte bei uns wachsen, ob ihr es glaubt oder nicht.

Einmal werden in den Städten Unruhen ausbrechen, dann wird gestohlen und geplündert. Die Städter ziehen aufs Land und wollen den Bauern das Vieh nehmen, dann muß sich der Bauer fest auf sein Sach setzen, sonst stehlens ihm das Hemd untern Arsch weg. Aber die böse Zeit geht schnell vorbei. Dann kommt eine schöne Zeit."

Das Ende der Welt ist für Irlmaier ein Anfang. Die Zeit „nachher" stellt sich ihm so dar:

„Erst ist noch Hungersnot, aber dann kommen auf der

Donau so viel Lebensmittel herauf, daß alle satt werden. Die überschüssigen ('Blick in die Zukunft', 1950), landlosen (a.a.O. 1961) Leute ziehen jetzt dorthin, wo die Wüste entstanden ist, und jeder kann siedeln, wo er will, und Land haben, so viel er anbauen kann."

„Das Land östlich und nördlich der Donau wird neu besiedelt." (Backmunds Mitteilung). „Da werden die Leut wenig, der Kramer steht vor der Tür und sagt: Kaufts mir was ab, sonst geh i drauf. Und d' Würst hängen übers Teller naus, so viel gibt's.

Drüben im Osten geht's wild her, da raufen die Leut und 's Kreuz kommt wieder in Ehren."

Der für Christen entscheidende und bereits mitgeteilte Satz steht am Ende von Irlmaiers Prognose:

„Die Gesetze, die den Kindern den Tod bringen, werden ungültig nach der Abräumung."

Diese frappierende und Irlmaier ganz eigene Vorhersage stammt aus dem Jahr 1947, in dem noch niemand daran dachte, die Abtreibung zu legalisieren, und Begriffe wie „Fristenlösung" oder „soziale Indikation" auch weitaus gebildeteren Zeitgenossen als dem Freilassinger Brunnenbauer noch unverständlich gewesen wären.

Irlmaier konnte, als er seine Voraussage machte, weder von den neuen Waffen noch von der in der Bundesrepublik Deutschland Anfang der siebziger Jahre durchgeführten Reform des § 218 wissen, die sich so auswirkt, daß in verschiedenen Bundesstaaten gesetzlich erlaubte Abtreibungskliniken errichtet werden. Er konnte nichts davon wissen, daß zum Beispiel in der Bundesrepublik jedes sechste ungeborene Kind mit gesetzlicher Billigung getötet wird und daß jährlich die Zahl der Abtreibungen weltweit in die Millionen geht. Jedenfalls sagte er voraus: „Die Gesetze, die den Kindern den Tod bringen, werden ungültig nach der Abräumung." Unter „Abräumung" verstand er die Katastrophe, die nach seiner Meinung über die Welt hereinbrechen werde.

Der Seher

Von diesem Satz darf man heute schon sagen, daß er eine Prophetie enthält, deren zweiter Teil sich wohl noch erfüllen wird, sobald eine von religiösen Überzeugungen durchdrungene Gesellschaft neue Gesetze erlassen wird. Wenn ein Seher vom „Papst", von der „lieben Frau von Altötting" oder von „geweihten Kerzen" spricht, so sind das die ihm geläufigen Symbole für Priestertum, Glaube und Gottesdienst. Eines ist sicher: Keine wahre Religion kann die Abtreibung gutheißen.

Auf wiederholte Fragen soll Irlmaier die großen Ereignisse mit folgenden Worten zusammengefaßt haben:

„Der dritte Mord ist geschehen.

Dann ist Krieg. Drei Heereszüge von Osten nach Westen.

Durch eine Naturkatastrophe oder ähnliches ziehen die Russen plötzlich nach Norden.

Um Köln entbrennt die letzte Schlacht.

Nach dem Sieg wird ein Kaiser vom fliehenden Papst gekrönt.

Wie lange das alles dauert, weiß ich nicht. Ich sehe drei Neuner.

Der dritte Neuner bringt den Frieden.

Wenn alles vorbei ist, da ist ein Teil der Bewohner dahin, und die Leute sind wieder gottesfürchtig.

Die Gesetze, die den Kindern den Tod bringen, werden ungültig nach der Abräumung.

Nach diesen Ereignissen kommt eine lange, glückliche Zeit. Wer's erlebt, dem geht's gut, der kann sich glücklich preisen. Aber anfangen müssen die Leut wieder da, wo ihre Urururgroßväter angefangen haben."

Einige Überlegungen sind an Irlmaiers Schau zu knüpfen. Müßig ist die Frage nach dem Sieger im nächsten Kriege. Zwar sieht es so aus, als hätte der Ostblock schrecklichere Wunden davongetragen als die USA. Sowohl die Sowjetunion als China zerfallen spätestens während des Dritten Weltkriegs, doch auf die Dauer gesehen, ereilt die USA das gleiche Schicksal; eine Supermacht, die sich rühmen kann, diesen Krieg gewonnen zu haben, wird es nicht geben. Der wahre Sieger ist nach Übereinstimmung aller Propheten das Christentum, die alte und die neue Kirche. Der Messias wird in dem seit Urzeit tobenden Kampf den Sieg erringen und als der neue Herr dieser Welt im Triumph seinen Einzug halten.

Gleich wie wir zu Irlmaiers Voraussagen stehen: Ist es nicht schon viel, wenn er uns das Bewußtsein dafür schärft, allzeit auf das Ende gefaßt, allzeit bereit sein zu müssen?

In Zeitungen veröffentlichte Aussagen Irlmaiers:

„Es gibt wieder einen großen Krieg, wenn das Getreide reif ist. Das Jahr kann ich nicht sagen. Das ganze Gebiet östlich von Linz wird eine einzige Wüste werden. Dieser Krieg wird nur vier Monate dauern, aber der schrecklichste der Weltgeschichte sein. Budapest und Prag werden dabei vernichtet werden. In diesem Ringen werden Waffen zur Anwendung kommen, daß die Panzer noch weiterrollen, wenn die Männer, die in ihnen sitzen, schon tot sind."
Münchner Merkur, 18. Oktober 1949

Auch Weltgeschehnisse rollen gleichsam als Filmstreifen vor seinem Auge ab, deren vorläufiges Endstadium für Bayern eine Monarchie sein soll, deren König ein großer alter Mann in Lederhosen ist, der frei, ohne Schutz und Bewachung, unter den Menschen umhergeht. Man habe dann sehr viel weniger Geld und Gesetze, es sei ein freieres, besseres Leben. „Ich sehe den heiligen Vater in einer Stadt am Strom, mit einer hohen Kirche, unseren König krönen."
Münchner Allgemeine, 20. Oktober 1949

Der Seher

Nachbemerkung

Alois Irlmaiers guter Glaube sollte nicht, auch nicht bei seinen politischen Prophetien, angezweifelt werden. Er berichtet wahrheitsgemäß die „Schau" seiner Bilder. Es ist richtig – davon schreiben ja die Augen- und Ohrenzeugen – daß der Seher „sich anstrengen", sich darauf konzentrieren mußte. Die Vermutung mancher Schriftsteller geht aber an den Tatsachen vorbei, daß Irlmaier nur Wunschbilder aus den Tiefenschichten seiner Seele sah, die sich, wie die gewöhnlichen menschlichen Träume der Nachtzeit, aus den verschiedensten Elementen: Ererbtem und Gewordenem, Gedachtem und Erlebtem gebildet hätten, daß also etwa die Krönung der drei Könige auf der uralten reichischen Donauachse, die Errettung des Papstes, die Bewahrung der Bevölkerung südlich der Donau, westlich von Unterinn und Salzach, besonders im „Saurüssel", Wunschtraum Irlmaiers gewesen sei.

Gegen diese Vermutung spricht zweierlei: Einmal ist die Errettung des Papstes Bestandteil vieler Prophetien, auch werden ausgesparte Freiräume zwischen den vordrängenden Panzerkeilen von allen ernstzunehmenden Militärfachleuten angenommen und sind Gegenstand strategischer NATO-Übungen. Zum zweiten besteht in der von Irlmaier zur Schau aufgewendeten Mühe und Konzentration kein Unterschied zwischen Voraussagen im engeren persönlichen Bereich und in großen politischen Dimensionen. Wenn die „Trefferquote" bei Irlmaiers „kleinen" Gesichten so auffallend hoch sein konnte, wieso sollten die großen Schauungen auf bloßem Wunschdenken beruhen?

Professor Benders Stellungnahme

Der Verfasser hatte am 1. Oktober 1975 ein Gespräch mit Professor Dr. Hans Bender, dem damaligen Leiter des Instituts für Grenzgebiete der Psychologie und Psychohygiene in Freiburg, das schon an anderer Stelle wiedergegeben wurde. Bender bezog sich in dem hier nach der Mitschrift festgehaltenen und in Auszügen mitgeteilten Gespräch ausschließlich auf bayerische Hellseher. Immer wieder mit Tadel und Zweifel an seinem Wissensgebiet konfrontiert, „wiegelte er ab":

„Die erste Frage, die an den Parapsychologen gestellt wird, ist wohl die nach der Existenz der Prophetie, des Hellsehens in die Zukunft. Denn ein nicht geringer Teil der Zeitgenossen wird Prophetie für Aberglauben halten. Andere werden davon überzeugt sein. Vom Standpunkt der Parapsychologie, der Wissenschaft von den okkulten Erscheinungen, kann man folgendes sagen: Wir haben als Hauptforschungsgebiet die Untersuchung der sogenannten ‚außersinnlichen Wahrnehmung‘, die in drei Formen untersucht wird: Telepathie, die außersinnliche Beziehung zwischen Menschen, vielleicht auch Tieren; dann Hellsehen, die außersinnliche Wahrnehmung von objektiven Sachverhalten, und Hellsehen in die Zukunft: Wir nennen das Präkognition.

Die Parapsychologen sind heute von der Existenz der Präkognition, der Prophetie, zum großen Teil überzeugt. Es hat lange gedauert, denn die Behauptung, daß die Zeit übersprungen werden kann, ist so ungeheuerlich, daß wirklich ein sehr massives Beweismaterial notwendig ist.

Wir schöpfen für dieses Urteil – Präkognition existiert – aus drei Quellen. Erstens die sogenannten ‚spontanen Phänomene‘, das heißt: die Berichte aus allen Teilen der Bevölkerung, denen wir nachgehen, über Ahnungen, Zweites Gesicht, Wahrträume. Zweite Quelle sind quantitativ statistische Experimente, die bisher ein

Der Seher

noch relativ dünnes Material für die Präkognition erbrachten, und die dritte Quelle ist die Untersuchung von Medien, besonders begabten Menschen – wir nennen sie ‚Sensitive' –, wie es offenbar auch Irlmaier war, wenn er auch nicht in Laboruntersuchungen getestet wurde. Und hier ist vor allem der holländische Paragnost Croiset zu nennen, der mich von der Existenz der Präkognition überzeugte. Croiset vermag, wir haben es in zahlreichen Experimenten geprüft, vorauszusagen, wer in einer bestimmten Veranstaltung auf einem durch das Los gewählten Stuhl sitzen wird; er schildert den Betreffenden, schildert Erlebnisse, die ihn charakterisieren.

Nun wird man fragen: Wie ist denn die Tragweite einer solchen Fähigkeit? Und da gilt folgendes Grundsätzliche: Kein Sensitiver, kein Hellseher vermag zu unterscheiden, ob seine Eindrücke reine Phantasie sind, ob sie telepathisch, hellseherisch oder gar prophetisch verursacht werden oder ein Mixtum sind. Daher ist die praktische Anwendung dieser Fähigkeiten so außergewöhnlich zweifelhaft. Man kann sagen: Eine als paranormal gemeinte Aussage muß mit dem normalen Erkenntnisvermögen nachgeprüft werden, um irgendeinen Wert zu bekommen.

Dann gilt ganz allgemein, daß diese Blicke in die Zukunft sich fast ausschließlich auf individuelles Schicksal beziehen. Ein Buch von meinem holländischen Kollegen Prof. Tenhaeff, ‚Kriegsprophezeiungen', zeigt dies. Hier sind Prophezeiungen gesammelt, die kleine Ereignisse individueller Menschen betreffen, die auch eintrafen und die nun im Zusammenhang mit einem Kriegsgeschehen standen. Der Krieg als solcher ist nicht vorausgesehen worden, nur Folgeerscheinungen, die das individuelle Schicksal dieser Menschen betrafen.

Eine Untersuchung über die Ergiebigkeit von Kriegsprophezeiungen, bezogen auf den Ersten Weltkrieg, liegt übrigens von dem flämischen Dichter Maurice Maeterlinck vor. Er hat sorgsam 83 Prophezeiungen zum Weltkrieg untersucht. Er fand sie alle wertlos bis auf zwei. Maeterlinck schrieb folgendes:

'Ein Geheimnis von diesem Gewicht', gemeint ist der Erste Weltkrieg, ‚hätte auf allen Existenzen lasten und Vorahnungen und Enthüllungen hervorrufen müssen. Nichts Derartiges. Sorglos kamen und gingen wir unter dem drohenden Unglück, das von Jahr zu Jahr, von Tag zu Tag und schließlich von Stunde zu Stunde näherkam, und sahen es erst, als er bereits unsere Häupter berührte.'

Fest scheint zu stehen, daß vor allem Irlmaier Psi-Fähigkeiten hatte. Die Anekdoten – Bunker in Rosenheim – sind ganz in der Linie, in der wir auch Material aus anderen Quellen haben. Was seine Kollektiv-Voraussagen eines Dritten Weltkrieges anbelangt, ist zunächst einmal zu sagen, daß er zu dem angegebenen Zeitpunkt nicht eingetroffen ist; dann, daß wir wirklich keinerlei Kriterium dafür haben, daß diese Prophezeiung, die eine Art Endzeit-Phantasie sein kann, irgendwie Verläßliches enthält. Bei aller medialen Begabung von Irlmaier: Das können Phantasien sein, genährt von dem Wissen um Atombomben, um andere zerstörerische Waffen.

Alle diese Hellseher sind ja irgendwie doch religiös gezeichnet, kennen die Endzeit-Mythen und sind davon beeinflußt. Trotzdem: Irlmaier kann als eines der erstaunlichsten Phänomene unter den Sensitiven der neueren Zeit bezeichnet werden. Es ist da also zwar kein Grund zur Beunruhigung, aber auch kein Grund, die Frage der Präkognition in Bausch und Bogen abzulehnen, wie das heute vielfach von Aufklärern geschieht, die einfach nicht richtig informiert sind."

Lektion über den Schutzraumbau

Wie eine Initiative zum Schutzraumbau aussehen könnte, ist einem hier ausschnittweise wiedergegebenen Bericht von Hans-Peter Rullmann zu entnehmen, der am

Der Seher

25. Oktober 1975 in der *Allgemeinen Laaberzeitung* unter der Überschrift erschien: „Ganz China gräbt sich in die Erde".

„Völlig unbekannt, weil streng geheim, ist das Tunnelsystem unter der chinesischen Hauptstadt, das vermutlich alle Vorstellungen längst übertrifft. Mit dem Bau dieses geheimen Tunnelsystems, das man nur noch mit dem Bau der riesigen chinesischen Mauer vergleichen kann, wurde 1969 begonnen: unmittelbar nach dem chinesisch-sowjetischen Grenzkonflikt am Ussuri.

Niemand kann sagen, ob die Untertunnelung Pekings inzwischen so weit fortgeschritten ist wie beispielsweise in einer Baumaschinenfabrik im Süden der Stadt, die von außen aussieht wie ähnliche chinesische Betriebe: 20 Fabrikhallen und Werkstätten, niedrig aus Ziegeln gebaut, auf einer von Fabrikstraßen durchzogenen Fläche von etwa 200 Hektar. Doch jede Halle und jede Werkstätte ist durch einen geheimen Ausgang mit der Unterwelt verbunden. Tschan Lao, der für die allgemeine Volksverteidigung zuständige Funkionär des Betriebes, gibt an, daß bei gelegentlichen Übungen alle 2500 Arbeiter dieser Fabrik innerhalb von fünf Minuten durch diese Ausgänge unterhalb der Erde verschwinden können.

Der zentrale Teil der Tunnelanlage liegt unterhalb des Verwaltungsgebäudes und ist von den Büroräumen über der Erde durch eine schwere Eisentür, wie man sie sonst nur an westlichen Bank-Safes finden kann, hermetisch getrennt. Von der Tür führt ein zwei Meter hoher und ein Meter breiter Gang, der mit Lampen und Lautsprecheranlagen ausgerüstet ist, zunächst zum Magazin, wo ständig genug Lebensmittel, vor allem ausreichend Getreide, lagern, um 5000 Menschen zwei Monate lang ohne Nachschub von außen ernähren zu können.

Sieben Meter unterhalb der Erde liegt der Behelfsbunker der Fabrik: An der Wand eine Karte mit bunten Linien, die einen Eindruck vom verwirrenden Verlauf der

Der Seher

verschiedenen Gänge vermitteln. Hier liegt auch die Fernsprechzentrale und der Senderaum, von dem aus die Lautsprecher im Bunker bedient werden können, nicht weit davon eine große Werksküche mit Kesseln, Kühlanlagen und fließendem Wasser sowie einem Lift, über den die Speisen in eine große Mensa transportiert werden können. Vier Brunnen sorgen dafür, daß es Wasser auch noch dann gibt, wenn die Oberflächenleitungen zerstört sein sollten. So besteht, abgesehen vom Temperaturunterschied, große Ähnlichkeit mit den Betriebseinrichtungen oberhalb der Erde.

Gelegentlich wird die Frischluftzufuhr angestellt; die Filter sollen ausreichen, um auch biologische, chemische oder radioaktive Kampfstoffe von der unterirdisch lebenden Belegschaft fernzuhalten. Alle Gänge sind ausgeschildert; den Aufschriften kann man entnehmen, daß es unterirdische Kindergärten und Werkstätten gibt, in denen im Kriegsfalle sogar die Produktion von Waffen aufgenommen werden kann. Um alle Gänge dieser unterirdischen Fabrik abzuschreiten, benötigt man zweieinhalb Stunden, doch noch ist das System nicht fertig. Die Arbeiter bauen an einem unterirdischen Kraftwerk zur Erzeugung von Strom und an Verteidigungsanlagen, die wiederum mit der Erdoberfläche verbunden sind. Von solchen Bunkern aus kann die unterirdisch lebende Belegschaft das Feuer gegen feindliche Flugzeuge eröffnen.

Daß diese Fabrik, die die Chinesen als Warnung an die Adresse der Sowjets vorzeigten, kein Ausnahmefall, sondern ein Modell ist, beweisen die 45 Läden in der zentral gelegenen Pekinger Da-Scha-Lan-Straße, die alle mit ähnlichen Tunnelsystemen verbunden sind. Unbekannt ist, wie weit dieses raffinierte System ganz Peking unterwühlt hat. Chinesische Funktionäre betonen, daß jede Fabrik, Schule, Institution und größere Straße, jeder Kindergarten und jedes Krankenhaus mit solchen Tunnelsystemen verbunden sei. Sie alle sind untereinander noch einmal durch unterirdische Avenuen verbunden, die so groß sein sollen, daß in ihnen sogar Busse und LKWs verkehren können."

Auf deutscher Seite lassen die Maßnahmen zum Schutze der Zivilbevölkerung dagegen mehr als zu wünschen übrig. Jahrzehntelang wiesen hier Politiker den Gedanken an einen Dritten Weltkrieg weit von sich. Die Gründe für ein solches Verhalten sind komplexer Natur und sogar teilweise verständlich. Gleichwohl müßte man es politische Verantwortungslosigkeit nennen, wenn gerade die Bundesrepublik den höchsten Blutzoll zahlen müßte; andere Länder sind um den Schutz der Bevölkerung weit besorgter. So genehmigen etwa Schweizer Behörden keinen Neubau ohne zusätzlichen Bau eines Schutzraums. Das Argument, Schutzraumbau sei „Rüstung im Untergrund" entblößt sich gegenüber dieser Nation des Friedens als Demagogie. Dortzulande stehen für nahezu die gesamte Zivilbevölkerung unterirdische Schutzräume zur Verfügung. Bei uns wurden dafür die meisten, die schönsten und die besten *Straßen* gebaut. (So entzog man vordringlicheren Aufgaben die Mittel und verlegte obendrein die Verteidigungslinie weit ins Hinterland.) Wer glaubt, die Bundesrepublik ginge wegen der übereinstimmenden Vorhersagen und wegen der Transparenz der kommenden Entwicklung wohlvorbereitet einem nicht unmöglichen Dritten Weltkrieg entgegen, dem muß ein wenig Wasser in den Wein gegossen werden.

Der Tod

Vor vielen Jahren hatte Irlmaier ein billiges Waldgrundstück erworben, auf dem schon in den späten Dreißigern und noch die ganzen vierziger Jahre über zwischen Lagermaterial, Betonrohren und Mörtelmischmaschinen eine Bauhütte stand. Hier ließ er tagaus, tagein lange Schlangen Ratsuchender zu sich vor. Endlich, nach der Währungsreform, seit es wieder Ware und Material gab, ging Irlmaier an den lange vorbereiteten Bau eines Hauses. Die Verwirklichung dieses Vorhabens zog sich zweieinhalb Jahre hin. Unter kläglichsten Umständen, mit billigen Arbeitern und Handlangern, baute Irlmaier 1948, 1949 und noch das ganze Jahr 1950, bis in den Herbst hinein. Viele Stunden, in denen er selbst hätte zupacken können, mußte er als Ratgeber in der Bauhütte verbringen.

Seine drei Lebensthemen, auf die er in der Hütte immer wieder zurückkam, hießen: der Dritte Weltkrieg (von dem er zu den Kindern übrigens niemals sprach), die nach dem großen Abräumen wiederhergestellte Selbständigkeit Bayerns, vor allem aber der endgültige Triumph der Kirche.

Wir wissen, daß ihn sein Blick in die Zukunft auch die Geldmoral Nordamerikas schauen ließ (nicht erst beim erwähnten Besuch des Ölmagnaten), wir wissen, daß er Bayern von dieser Geldmoral gezeichnet sah zum Nichtmehr-Wiedererkennen, daß es ihm aber wie der Vogel Phönix aus der Asche wieder aufzusteigen schien.

Der Tod

Im Fünfzigerjahr, am 12. April, hatte in Landshut eine Veranstaltung der Volkshochschule stürmischen Zulauf. Der Rathaus-Prunksaal mußte sogar wegen Überfüllung polizeilich geschlossen werden. Hauptlehrer Franz Stockhammer sprach zum Thema: „Der große Seher von Freilassing – meine Erlebnisse mit Alois Irlmaier." Dieser Vortrag, nach ausführlichen Berichten in der Landshuter Isarpost von einem Lehrer aus Schönberg bei Grafenau gehalten, der sicherlich gern mit Sensationen aufwartete, sonst aber besten Willens und alles andere als Irlmaier feindlich gesinnt war, diente den Massenmedien gleichsam als Startsignal für ihre Hetzjagd auf Irlmaier. Triumph der Kirche? Wiederherstellung der Souveränität Bayerns? Monarchie? Apokalypse und bestrafte Unmoral? Eine Hamburger Massengazette schrieb im Stil der Entrüstung des Gerechten und im Brustton einer für demokratisch gehaltenen Aufklärung: „Treue Familienväter, die, wenn es schon sein muß, wenigstens gemeinsam mit ihren Familien sterben wollten, unterließen alle weiten Reisen, ärztliche Wartezimmer wurden mit einem Schlage leer, und im Bayerischen Wald brachen gläubige Bauunternehmer (sic!) bereits begonnene Bauvorhaben ab ... Nur einer kümmerte sich um das alles nicht, flüchtete nicht, kaufte keine Lebensmittel en gros, kassierte Geld, anstatt es sinnlos auszugeben, und baute seelenruhig an seinem Haus weiter: Alois Irlmaier selbst. Mag er vielleicht ein schlechter Prophet sein, so ist er bestimmt ein glänzender Geschäftsmann ... Hoher Maschendraht trennt die verzweifelten Gläubigen, die aus Mangel an klingender Münze keine Aussicht haben, bei Irlmaier vorgelassen zu werden, von dem Bauplatz des ‚Sehers von Freilassing'. Ihre Zukunft scheint ihnen ungewiß. Die des ‚Meisters' uns aber nicht. Denn noch gibt es genug Dumme auf der Welt. Niemand scheint gemerkt zu haben, daß der Prophet, dessen Voraussage eines neuen Krieges noch in diesem Jahr eine Panik auslöste, ein neues Haus baut."

Der Tod

Mit solchen Verleumdungen des Nothelfers, der nie einen Pfennig für seine Auskünfte genommen, der – wie aus dem Laufener Urteilsspruch hervorgegangen war – so gut wie immer recht behalten hatte, war es nicht getan. Sie lösten eine Flut von Veranstaltungen, Podiumsdiskussionen, Presseberichten und Sensationsmeldungen aus. Schließlich begann dem Brunnenbauer auch Adlmaiers zunehmendes Interesse unheimlich zu werden. Er setzte sich zur Wehr. Sein Mitarbeiter Ferdinand (genannt Ferdl) Felber mußte die Schreibmaschine aufklappen ... Und Irlmaier diktierte in ungelenkem Deutsch einen Brief an mehrere Zeitungsredaktionen. Einer dieser Briefe blieb erhalten:

Alois Irlmaier
Installation und Brunnenbau
Freilassing/Obb.
Reichenhaller Straße
An die Redaktion der Süddeutschen Zeitung
München
Sendlingerstraße 80
Freilassing, den 21. April 1950
Mein Zeichen I/F
Die verschiedenen Veröffentlichungen in den Tageszeitungen als auch, wie mir bekannt wurde, die neuerlich (gemeint ist: neuerdings) *geplante Herausgabe einer Broschüre zwingen mich, Sie zu bitten, Nachfolgendes in Ihrem geschätzten Blatte zu veröffentlichen:*
Seit längerer Zeit habe ich jede Person, die mich wegen meiner hellseherischen Begabung sprechen wollte, abgewiesen und erklärt, daß ich außer die mit meiner Tätigkeit als Wünschelrutengänger und Bunnenbauer zusammenhängenden Besuche abweisen muß und auch die zahlreichen Briefe nicht mehr beantworten kann.
Insbesondere erkläre ich ausdrücklich, daß ich mit den Vorgängen in Landshut in keiner Verbindung stehe und ich

Der Tod

mir die strafgerichtliche Verfolgung gegen diese Verbreiter vollkommen unrichtiger und aus der Luft gegriffener Angaben vorbehalte.
Gleichzeitig bitte ich alle Leser im eigenen Interesse, an mich keinerlei Zuschriften, die nicht mit meinem Beruf zusammenhängen, zu richten und von zwecklosen Besuchen abzusehen.
Alle Veröffentlichungen und Vorträge, die ohne meine ausdrückliche Genehmigung erfolgen, werden von gewissenlosen Geschäftemachern getätigt und werden von nun an strafgerichtlich verfolgt.
Ihnen für Ihre Veröffentlichung bestens dankend zeichne ich hochachtungsvoll:
Alois Irlmaier
Installation Brunnenbau
Betonwarenerzeugung
Freilassing
Telefon 257

Vergeblich suchte sich Irlmaier des Volksandrangs zu erwehren. Der Bereich der Baracken und Arbeitsgerätschaften, wo er, nicht weit vom Bahnhof, arbeitete, wurde immer bedrohlicher von Fragestellern umlagert. Conrad Adlmaier mußte das bereits zitierte Ersuchen Irlmaiers auf die Rückseite seiner Broschüre drucken. Am hohen Drahtzaun, hinter dem ein scharfer Wachhund bellte, wehrte dem Ansturm auch ein Schild: „Herr Irlmaier lehnt es ab, noch private Auskünfte zu erteilen. Er ist bemüht, seinem Beruf als Brunnenbauer und Wassersucher nachzugehen und möchte möglichst wenig dabei gestört werden. Mit Geld oder Geschenken ist nichts zu erreichen, denn Herr Irlmaier will aus seiner Begabung kein Geschäft machen."

Der Tod

Endlich wurde das Haus bezogen, erst behelfsmäßig im Parterre, dann auch im Oberstock. Der Installationsgeselle Alois Kraller hat aus dieser Zeit berichtet. Also hieß die Adresse nun Waldstraße 7. Später, noch zu Lebzeiten Irlmaiers, wurde aus der Waldstraße eine Pestalozzistraße. Und aus der Nummer 7 eine Nummer 9 a. In den siebziger Jahren schlug man Irlmaiers Grundstück der Jennerstraße zu, von der es als Nummer 7 zugänglich ist.

Der ganze Umgriff wirkt heute wie eine echte Bahnhofsgegend, ist großenteils unbebaut. Man hat den Eindruck, es herrsche immer noch der Zufall. Hier Kleingärtnerhütten, dort Vorstadthäusln, dürre Wiesen, ungepflegte Hecken, tiefe Schlaglöcher, ein riesiger staubiger Autoabstell- und Volksfestplatz, der sich bis gegen den Bahnhof hinüberzieht, rundum sogenannte „billige Gegend", die keinen Vergleich zuläßt mit Irlmaiers Kindheits- und Jugendparadies zu Füßen des Laubgebirges von Maria Eck. Aber der Mensch braucht einen Ort und ein Wort, an dem er sich festhalten kann. Immer neu büßte Irlmaier seine Heimat ein und gewann sie immer aufs neue: Der Hof brannte ab, er baute ihn wieder auf. Er verlor ihn auf der Gant und kaufte sich vom Rest des Erlöses eine leerstehende, heruntergekommene Villa. Sogar die Villa konnte er, obwohl er sie bis unters Dach vermietete, nicht halten. Ein günstiges Grundstück erwarb er vom Rest. Und nun also stand endlich wieder ein bescheidenes Haus auf seinem Grund und Eigen, lieblich anzuschauen, mit mehrmals gestuftem Gesims und Erkertürmchen, das einen kugeligen Spengler-Spitz in die Lüfte streckte. In den Anbauten waren Werkzeuge, Steine und Rohre des Brunnenbaugeschäfts gestapelt.

In der getäfelten Stube sieht man auf einem Foto der Zeit, scheinbar saturiert und ruhig-ausgeglichen, die Pfeife aus Weichselrohr mit handbemaltem Porzellankopf im bereits zahnlosen Mund, Irlmaier stehen. Gelegentlich rauchte er auch die schlanke, lange bayerisch-österreichische Virginier. (Und oft, berichten die Töchter, steckte er eine halbe Hand voll „Kranewittbeerln" in den Mund, weil er ihren bitterscharfen Saft gern schmeckte.) Das Jahr seines Einzugs war ein heiliges. Papst Pius XII. schaut Irlmaier auf einem zu diesem Anlaß gedruckten Papierblatt über die Schulter.

Doch diese Ruhe war trügerisch. Draußen, jenseits des Zauns, warteten die Leute und ließen sich nicht vertreiben. Sie standen bei Tag und Nacht, bei Sonnenschein und Regen, bei Hitze und Kälte, harrten Stunde um Stunde, wußten, daß Irlmaier sich immer wieder einmal erweichen ließ. Ein Journalist, ausgerechnet einer von denen, die Irlmaier seinen Ruhm beschert hatten, schrieb:

„Man muß ein tiefes Bedauern mit diesen armen Teufeln haben, die durch sensationelle Berichte nach Freilassing getrieben worden sind. Es ist höchste Zeit, daß jetzt endlich einmal Schluß gemacht wird mit dieser geschäftstüchtigen Reklame, und der Irlmaier Alois seine Ruhe bekommt, in seinem und seiner Familie Interesse."

Ein anderer Situations-Berichterstatter meldete:

„An dem Tor warnt ein funkelnagelneues Schild vor dem bissigen Hunde, der schwanzwedelnd an einer langen Kette umhertaumelt. Mißtrauisch schlurft Frau Irlmaier auf Holzpantinen zum Tor: ,Was wollts denn?' schallt es durch die verriegelte Pforte. ,Mei Mo' is net da. Der tuat nix mehr in dera Sach'. De Briaf, de Buidln und as Geld, des hat er ois zruckgschickt. Er hat schließlich sein' Beruf. Er ist Brunnenbauer, und damit is' aus. Do gibt's nix mehr, do gibt's nix mehr!' – sie schaut uns abmessend an: ,Da – gibt – es – nichts – mehr!!'"

Kam aber Irlmaier selbst über den Hof gegangen, ließ er sich, wenn die Frau gerade nicht hersah oder in der Stadt unterwegs war, doch wieder erweichen. Er konnte die Leute einfach nicht warten lassen. Und wieder gab er ganze Tage hindurch Auskunft über Vermißte, erteilte Ratschläge, nannte in verblüffender Detailkenntnis Dinge

Der Tod

aus dem Leben des Einzelnen, die sonst niemand wissen konnte, beruhigte, warnte, tröstete, leistete Lebenshilfe und verlangte nie einen Pfennig dafür. Als gleichwohl Spott und Hohn, Verleumdung und Lüge auf den einfachen Mann herniederprasselten, als man ihm unverhohlen Gewinnsucht vorwarf, schweißte er gebogene Stahlbügel an seinen Zaun und spannte einen fünffachen Stacheldraht. Für Journalisten, die ihn mit unwahren Schlagzeilen an die Öffentlichkeit zu zerren versuchten, war er ohnehin nicht mehr zu sprechen; mißtrauisch begegnete er schließlich sogar dem alten Vertrauten Conrad Adlmaier, wurde in seinen letzten Lebensjahren so verbittert, daß er ein Schild an seine Bretterhütte nagelte: „Bin nur noch in Angelegenheit des Brunnensuchens zu sprechen". Diese Wortwahl, der sich Backmund anschließt, wird von Dr. Adlmaier überliefert. Nach anderer Fassung hieß der genaue Wortlaut: „Bin nur noch in Angelegenheiten des Brunnensuchens zu sprechen". Das ist zwar grammatikalisch richtiger, muß deswegen aber nicht wörtlich zitiert sein. Schönhammer schreibt: „Bin nur noch in Sachen des Brunnensuchens zu sprechen". An anderer Stelle lautet Irlmaiers Text wieder anders: „Bin nur noch in Sachen des Brunnengrabens zu sprechen". Der Sinn bleibt allemal derselbe. Die geringfügigen Abweichungen im sprachlichen Ausdruck bürgen, wie auch bei der Überlieferung wichtiger Vorkommnisse um Irlmaier und beim Wortlaut seiner Zukunftsprognosen eher für Wahrheit als es eine beim hundertsten Mal noch gleiche, weil auswendig gelernte Wendung täte. Aus dem Jahr 1957 ist Irlmaiers harscher Ausruf: „Naa! – I sag nix mehr!" verbürgt. Zu seiner Lieblingsvorstellung gehörten die unterschiedlichen Arten von Verschlüssen: Tor, Zaun, Stacheldraht, Kette, Schloß, Riegel, Siegel. Ein Wort über den mit steil erhobenem Finger seine Lippen verschließenden Johannes Nepomuk hätte von Irlmaier nicht verwundert, ist aber nicht überliefert.

Der Tod

Am Ende blieb nur Bitternis: „I hab gnua mit dera Schererei, de wo i bis jetzt vom Hellsehen ghabt hab! Liawa grab i den tiafsten Brunna aus, wia daß i mi no amoi vors Gricht und auf d'Polizei schleppn laß!" Offenbar hatte er unter dem Gauklerprozeß mehr gelitten als er sich's bis jetzt eingestand. Er versagte sich. Er verbat sich zuletzt auch jede Korrespondenz. Er mochte einfach nicht mehr. „Wäre sein Charakter so gewesen wie der seiner Gegner", resümiert Conrad Adlmaier, „er hätte es zu Reichtümern bringen können. Er blieb arm." Sein letztes Erspartes hatte der Hausbau verschlungen. Die Einnahmen aus dem Brunnenbaugeschäft blieben wegen der vielen Abhaltungen weit hinter den Erwartungen zurück. Er kam auf keinen grünen Zweig. Krankheit und Alter zehrten an ihm. Doch er arbeitete bis zuletzt.

Sein Tagewerk für abgeschlossen halten und seine Hände in den Schoß legen, weil morgen die Welt untergehen werde (was die Hamburger Illustrierte vergeblich von ihm erwartet hatte), ist – wie er wußte – kein gottgefälliges Tun. In den „Ruhestand" kann – wie Augustinus meinte – nur Gott selbst schicken.

Hin und wieder wallfahrtete er nach Maria Plain, das ihm ein später Ersatz für Maria Eck geworden war. Sonst lebte er ganz zurückgezogen. (Die spätere mißtrauisch-abweisende, erst nach langem „Um-gut-Wetter-Bitten" entgegenkommende Haltung der Töchter erklärt sich daraus.)

Irlmaiers Gattin Maria, die Helferin und Hauptgeplagte, einst schlichte Bäuerin mit zur Krone aufgesteckten Zöpfen, hatte sich in Freilassing zur umsichtigen und entschlossenen Geschäftsfrau gewandelt. Gleichwohl wurde von der Familie ihre treusorgende warme Mütterlichkeit gerühmt. Sie litt schwer darunter, daß der Ernährer der Familie sich in der Baubaracke als Nothelfer der geplagten Menschheit verzehrte – und verzehrte sich dabei selbst. Maria Irlmaier, geborene Schießlinger, starb nach kurzer schwerer Krankheit am 5. September 1957.

Von diesem Tag an wurde der Brunnenbauer ganz abweisend. Über dem Grab der geliebten Frau sagte er, der sonst nie über sich sprach: „Da fahr ich nicht hin, meine Zeit ist noch nicht gekommen. Aber ich weiß, daß mir gewisse Leute nach dem Leben trachten, denen meine Hellseherei unangenehm ist. Sie werden mich aber nicht kriegen! Um das Marienbild, bei dem ich mein erstes Gesicht gehabt habe, soll eine Kapelle gebaut werden. Wenn ich sie baue, dann sterbe ich."

Das Muttergottesbild, vor dem er seine erste Vision geschaut hatte, verwahrte er bei sich. Er hatte es von dem Bauern, bei dem er damals gearbeitet hatte, geschenkt bekommen. Um dieses Muttergottesbild herum wollte er eine Kapelle bauen. Er vergaß nie, daß die Himmelmutter damals in der Bauernstube aus ihrem Rahmen herausgetreten war.

Wenn er von sich selbst sprach, betraf es fast nie seine eigene Zukunft. Hier irrte er am allermeisten; er sah nicht, was ihm in der nächsten Stunde bevorstand.

Professor H. Kritzinger schrieb am 28. Februar 1950 im *Donaukurier*:

„Irlmaiers erwachsener Sohn hilft ihm in seinem Beruf und lenkt gelegentlich den Wagen des Vaters. Nun veranstaltete gerade die Polizei eine Kraftwagen-Kontrolle und prüfte dabei die Führerscheine der Fahrer. Der Polizeibeamte sieht den ihm bekannten Wagen Irlmaiers kommen, mit dem Sohn am Steuer. Er hält den Wagen an. Führerschein? – Der Wagen wurde sichergestellt. Irlmaier sehr unglücklich! Man meint, der Hellseher hätte doch mit seinem prophetischen Blick im voraus erkundet haben müssen, daß die Streife den Wagen wegen des Fehlens des Führerscheins anhalten würde. Diese Geschichte wird in Freilassing mit Schmunzeln erzählt. Sie widerlegt im wissenschaftlichen Sinne nicht etwa die Begabung des Brunnenbauers, aber sie weist darauf hin, daß die seltene Fähigkeit der Vorschau nicht wunschgemäß eingeschaltet werden kann."

(Aus Kritzingers Schilderung geht nicht hervor, ob der Sohn Irlmaiers keinen Führerschein besaß – was wenig glaubhaft erscheint – oder ob er ihn bloß nicht dabei hatte.)

Doch Irlmaier machte zwei bedeutsame Voraussagen über seinen Tod. Wiederholt äußerte er seiner Familie gegenüber, daß er sterben müsse, wenn er eine Marienkapelle baue: „Wenn ich eine Marienkapelle baue, dann sterbe ich." Im Frühsommer 1959 begann er auf seinem Grundstück eine Kapelle zu bauen. In den wenigen Wochen, ja Tagen, die ihm dafür noch zur Verfügung standen, kam er allerdings nicht über die Fundamente, die „Grundfesten", hinaus. Bereits im Frühjahr 1959 sagte er zu seiner Familie: „Im Juli werden euch die Augen aufgehen, da werdet ihr etwas erleben!" Am 26. Juli 1959 starb er. Es war der Annatag, der Namenstag seiner Mutter.

Er litt an seiner schweren Krankheit, dem Leberkrebs, nicht lange. Als er in der oberen Stube auf dem Totenbett lag, schrieb der Sohn des Vaters seine letzten Worte nieder: „Ich bin froh, daß der Herrgott mich sterben läßt. Jetzt brauche ich das, was ich voraussehe, nicht mehr erleben." Vom hochwürdigen Markus Westenthanner – einst Kaplan beim Giesinger Heiligen Kreuz, nun Pfarrer der Rupertuskirche – empfing er die Sterbesakramente. Irlmaier starb – ausgesogen und ausgepumpt wie vor ihm sein bedauernswertes Eheweib – in der siebten Woche über dem 65. Lebensjahr. Er starb – wie die Zeitungen meldeten, die er schon lange nicht mehr las, „eines christlichen Todes". Und er starb was ja schon damals „aus der Mode kam" – daheim. Als die älteste Tochter Maria, die in der Stadt gewesen war, heimkehrte und über die Stiege hinaufeilte, machten sich die Leichenträger am Sarg zu schaffen. Als Todesstunde war auf dem Leichenschein vermerkt: 21.45 Uhr.

Alois Irlmaier wurde am 29. Juli um halb elf Uhr vormittags auf dem Gottesacker von Salzburghofen beerdigt, nahe beim Hagnweg, wo er zuerst gewohnt hatte. Das hieß: Aussegnung in der uralten gotischen Marienkirche, getragene Blasmusik, Rosenkranz, Umzug des Toten durchs Dorf, die ergriffene Gemeinschaft der Überlebenden am Weg. Dann Abschied von der „gleißnerischen" Welt, Requiem, Hineinsenken der sechs Bretter, die den Leichnam bargen, in den Grabesschacht. Pfarrer Westenthanner, das schwarze Birett auf dem Kopf, den schwarzen, goldbestickten Rauchmantel umgetan, hob die große Liebe des Verstorbenen zu den dahingeschiedenen Seelen und seine Mildtätigkeit hervor. Dr. Conrad Adlmaier, der Traunsteiner Druckereibesitzer, der dem Begräbnis beiwohnte, schrieb:

„Nun ist der merkwürdige Mann von der Saalach tot, und das Auge dieses Menschen ist geschlossen. Seine Sehungen sind zu Ende. Und es erhebt sich die Frage, ob er nicht seine Gabe als ‚Warner' vor zukünftigen Katastrophen, von Gott bekam. Die Zukunft muß die Richtigkeit seiner Voraussagen beweisen."

Der Verfasser verbürgt sich, daß er dem von Augen- und Ohrenzeugen überlieferten Werdegang Irlmaiers an den Stätten seines Lebens und Wirkens nachging, daß er die Vita dieses ungewöhnlichen Mannes aus zum Teil minutiösen Aussagen von Menschen, die ihn gekannt haben, vor allem aus Berichten der Nachkommen zu rekonstruieren versuchte und bestrebt war, durch die Ausschöpfung aller vorhandenen schriftlichen Unterlagen und Urkunden eine weit über das bisher von anderen zusammengetragene Material hinausgehende Biographie vorzulegen.

Noch sichtlich ergriffen vom Heimgang dieses „runden Menschen" schließt Conrad Adlmaier, der selbst nur noch sieben Jahre zu leben hat (er stirbt am 30. September 1966), seine Aufzeichnungen:

„Dieser Zusammenstellung aus verschiedenen Quellen, besonders aus den nach Stenogramm aufgenommenen Voraussagen des Brunnenbauers Alois Irlmaier brauchen wir wenig hinzufügen. Daß Gott seiner nicht spotten läßt, sondern die Verletzung seines Hoheitsrechts über das Leben der Menschheit strafen wird, daran darf mit Fug und Recht auch heute erinnert werden. Spott und Hohn dürfen uns nicht abhalten, den Ernst der Stunde zu erkennen und danach zu handeln. Das ist kein Aberglaube, sondern eine voraussichtlich letzte Warnung. Mit Zuversicht kann jeder Mensch der Zukunft entgegensehen, der in Gott lebt."

Der Tod

Conrad Adlmaier fügte seinen Aufzeichnungen den 90. Psalm an:

„Nun brauchst du keinen Schrecken
In der Nacht zu fürchten,
Und keinen Pfeil, der dich am Tage trifft,
Auch nicht die Seuche, die im Finstern schleicht,
Noch das Verderben, das am Mittag schlägt.
An deiner Seite fallen Tausende,
Zehntausende zu deiner Rechten:
An dich kommt nichts heran.
Gleichwohl wirst du's mit deinen Augen schauen
Und die Vergeltung an den Sündern sehen."

Der Tod

Nach dem Tode des Vaters „hing der Sohn", der die starke Persönlichkeit seines Arbeitgebers entbehrte, „völlig in der Luft", wie die Schwestern später erzählen. Er kränkelte und starb nach mehreren Magenoperationen bereits 1976. Das Madonnenbild, Anlaß für den begonnenen Kapellenbau, ist seitdem verschollen. Die „Grundfesten" der Kapelle sind im Wiesenboden versunken. Irlmaiers liebenswürdiges Haus wurde nach dem Tode des ledig gebliebenen Stammhalters verkauft. Es beherbergt nun – sicher im Sinne seines Erbauers – die katholische Caritas. Auf dem Grabstein, Reihe 62, Nr. 3, ist in schwarzem Marmor ein kreuztragender Christus dargestellt. Unter dem Wort „Familie" ist nur der Name des Sohnes eingraviert: Alois Irlmaier, 9. 9. 1923 – 11. 5. 1976. ... Darunter lehnt, glänzend und blendend weiß, der alte Stein, ein Marmorbuch. Darin eingemeißelt stehen sie alle zu lesen, deren verschiedene Schicksale in dieses eine Grab münden:

„Hier ruhet in Gott unser unvergeßlicher Vater Alois Irlmaier, Privat in Hagn, geb. 1859, gest. 1930, hier ruhet in Gott unsere unvergeßliche Mutter Anna Irlmaier, Privat in Hagn, geb. 1864, gest. 1932, Maria Irlmaier, Brunnenm(achers)gattin, geb. 1897, gest. 1957, Alois Irlmaier, Brunnenbauer, geb. 1894, gest. 1959."

Der Tod

Ein Ausspruch des Brunnenbauers, den er aus Scham über seine irrige Zeitangabe einmal geprägt hatte, sei an den Schluß gestellt: „Kein Mensch kennt den Tag und die Stunde. Aber wir dürfen sicher sein, daß alles am Ende so kommen wird."

DREI KRONEN AN DER DONAU
Nachbemerkungen

Die Zeit schreitet voran. Schrieb sich der Verfasser vor Jahren die nackte Angst von der Seele, so gibt er nun seiner Hoffnung, ja Genugtuung Ausdruck, daß die Menschen unserer Tage (die dem angeblichen Frieden so hart auf den Fersen sind) mit ihrem dialektischen und praktischen Materialismus Schiffbruch erleiden.

Unübersehbar wird ja aus der Wahrheit bloße Richtigkeit, wird aus dem Nach-denken ein Vor-stellen, wird aus dem Hervorbringen ein Machen, werden aus Dingen Gegenstände, die nach Maßgabe ihres Nutzwertes zu ge- und verbrauchen sind! Wahr ist jetzt nur noch das, was der menschlichen Vorstellung sich fügt. Die Epoche der „Seinsvergessenheit" eilt, wie die Götterwelt im „Rheingold", ihrem Ende zu, weil im Triumph der steuerbaren Einrichtung einer wissenschaftlich-technischen Welt sich „das Ganze ihrer Geschichte in seiner äußersten Möglichkeit versammelt" (Heidegger). Der Eindruck, daß wir uns in unserem Subjektsein bis zu einem Punkt verstiegen haben, wo es nicht mehr weitergeht, verdichtet sich zur quälenden Gewißheit. Die Erde wird zur Wüste, Heimatlosigkeit zum Weltschicksal. Mit einem Mehr an Technik, einem Mehr an Planung ist es nicht getan.

Wie oft war in den letzten Jahren davon zu hören, man solle doch endlich damit Schluß machen, von angeblich bevorstehenden irdischen Katastrophen zu sprechen. Man rede schon zu lange darüber – aber nichts habe sich erfüllt, alles werde beim alten bleiben. Daß wir mit unserer pulvergeschwängerten Vergangenheit gebrannte Kinder sind, hat man vergessen. Das liegt weit zurück, ist scheinbar keine Realität mehr. Noch viel weniger will man etwas von einer ausstehenden dritten Weltkatastrophe wissen. Wäre es anders, wüßte man ja nicht mehr in Ruhe zu feiern und das Leben zu genießen. Also kann nicht sein, was nicht sein darf.

Was tun wir heute? Wir schlafen angesichts drohender Gefahren und Gefährdungen. Wir bleiben blind und sind nicht bereit, Christus aufzunehmen, wenn er über die Welt kommen wird „wie ein Dieb in der Nacht" (1. Tessalonicher 5,2). Es ist eine Illusion, vom stetigen Glaubensfortschritt in der Jetztzeit der Welt zu träumen, und ein Irrwahn, man werde nicht im Glauben verankert sein müssen, um mit den Drangsalen fertig zu werden, die auf uns warten.

Drangsale? Da sprechen sowohl Zeitungskommentatoren als Leserbriefschreiber des allersattesten aller satten Luxusländer von *„werdendem Leben"* und *„Schwangerschaftsunterbrechung"*, nennen die priesterliche Ehelosigkeit nicht Ganzhingabe und Askese, sondern „Zwang zum Verzicht auf die gottgewollte Zweisamkeit mit einer Frau", erbosen sich darüber, „daß Frauen in der katholischen Kirche Menschen zweiter Klasse seien" (in einer Kirche mit Legionen weiblicher Heiliger!) und saugen der katholischen Kirche die Identität aus dem Mark, indem sie sich mit ihrer *Vorstellung* von Kirche katholisch nennen, aber kein Wort des Tadels finden, wenn in dengggleichen „großen" Tageszeitungen das Ideal des geldverprassenden und naturzerstörenden „modernen" Menschen so umrissen wird:

„Top-Manager 30/189, weltgewandt, liebt die Sonne, das Meer und 2. Wohnsitz in Übersee, sportl. aktiv von Tennis bis Ski, segelt (eigene Yacht), fliegt (eigenes Sportflugzeug), mit Humor und Zärtlichkeit ... "

Der Ring um die ehemalige Hauptstadt des norddeutsch-protestantischen Nationalstaats hat sich gelöst. Für den Fall, daß die Betroffenen ihre „Wiedervereinigung" hoch genug einschätzen, wird die Sowjetunion das von Adenauer ausgeschlagene Angebot Stalins aus dem Jahre 1952 erneuern. Den Preis könnte sie hoch ansetzen.

Die Weichen standen so:

Die Entlassung der DDR aus dem Warschauer Pakt sollte mit der Neutralisierung und Entmilitarisierung der Bundesrepublik oder mit einer Umwandlung der NATO ins bloß Politische erkauft werden. Das war Moskaus Antwort auf die „Wiedervereinigung" der vom Dreißigjährigen Krieg an geeinigten Gustav-Adolf-Protestanten und Neuheiden, Antwort auf das „Vierte Reich" der Gegner Roms, Münchens und Wiens, Antwort auf die Wiedererhebung Berlins zur „deutschen" Hauptstadt.

Der zu beiden Seiten des Brandenburger Tores tobende zugegeben durch Stauung übersteigerte – Furor teutonicus gab einen Vorgeschmack dessen, was auf uns zukommt, wenn das Herz Europas nicht ein waffenloses Vakuum werden sollte. Die alte, schon aus Irlmaiers Tagen stammende Befürchtung nimmt eben, da diese Zeilen geschrieben werden, Formen der Wirklichkeit an: Europa waffenlos bis zum Rhein. Die Sowjetunion machte den Versuch, die Erfüllung ihrer kühnsten Sehnsucht in ein Angebot zu packen, auf das die „Wiedervereiniger" eingehen sollten. Deren Jubelgeschrei aber ließ die Sorge aufkommen, daß sie es tun könnten, daß Adenauers Entscheidung unwiederholbar sei. Mit anderen Worten: Gleich ob der deutsche Nationalstaat als Neuauflage von Bismarcks „schimmernder Wehr" oder als Entwaffnung Mitteleuropas wiederhergestellt wird, unausweichlich scheint Irlmaiers Krieg.

Sein Gegenmodell, das ein uraltes ist, ruht auf den drei Kronen im Süden – aber (immer nach Irlmaier) erst „nachher".

Es gibt Menschen, die mit Recht eine Senkung des westlichen Lebensstandards für unumgänglich und eine Weltbewältigung wie die im zitierten Inserat ausgedrückte für eine zu überwindende halten. Einzig auf diese Weise, meinen sie, ließen sich die natürlichen Grundlagen des Lebens erhalten. Andere haben die Durchführung dieses Programms, die nur eine freiwillige sein könnte, schon als

Utopie abgetan. Zur raschen Beendigung des „friedlichen" Zerstörungswerks am Planeten mutet die Radikal- und Roßkur eines Krieges leider realistischer an. (Damit erfüllte sich der Alptraum des zitierten Offiziers von den samstags und sonntags leerstehenden deutschen Kasernen.) Für diesen Fall gibt es phantastische Behauptungen von Esoterikern, die ernsthaft glauben, in Irlmaiers Zukunft würden Raumschiffe oder Ufos die Gerechten aus der Welt abholen und in Sicherheit bringen, bis der Friede wieder einkehre. Das sind wohl Wunschvorstellungen. Sie kommen von unten und erfüllen die Menschen unserer bedrohten Gegenwart mit einer gefährlichen Scheinsicherheit. Erhoffen wir uns dennoch eine gute Heimfahrt in die Ewigkeit!

ZEITTAFEL

1894	8. Juni, 9 Uhr früh: Geburt Alois Irlmaiers auf dem Bruckthalerhof in Oberscharam, Gemeinde Eisenärzt (heute Siegsdorf), Bezirksamt Traunstein. Eltern: Alois Irlmaier, geboren 1859 in Oberscharam, und Anna Irlmaier, geb. Felber, geboren 1864 in Hochberg bei Eisenärzt. Am selben Tag Taufe in der Pfarrkirche „Mariä Unbefleckte Empfängnis" von Siegsdorf durch Pfarrer Georg Schlinzger.
1900–1908	Alois Irlmaier besucht die Volksschule in Eisenärzt. Schon als Kind und mit zunehmendem Alter kräftiger ausgeprägt: empfindliche Reaktion auf unterirdische Quellen und Wasseradern, später auch ohne Wünschelrute; die Blutgefäße schwellen an.
1903	15. Mai: Alois Irlmaiers einziger Bruder wird geboren und am selben Tag in der Pfarrkirche von Siegsdorf auf den „Sommerhansl" Johannes Baptista getauft.
1914–1918	Alois Irlmaier verbringt den ganzen Ersten Weltkrieg als Soldat in Rußland. Zwei Lazarettaufenthalte: einmal schwer auszuheilender Lungenschuß, dann Verschüttung im Unterstand durch Granatwerfer-Volltreffer, Rettung nach vier Tagen.
1918	Dezember, Alois Irlmaier kehrt, vom Kriegsdienst schwer gezeichnet, heim.
1920	3. Mai: Alois Irlmaier heiratet die am 13. August 1897 in Obergschwind bei Ruhpolding geborene Maria Schießlinger. Kirchliche Trauung in der Pfarrkirche von Siegsdorf, standesamtliche Beurkundung in der Gemeindekanzlei von Eisenärzt. Übergabe des väterlichen Bruckthalerhofes.

1922	9. März: Geburt und Taufe der Tochter Maria. Im selben Jahr Aufnahme des Ziehsohns Johann Stöckl.
1923	9. September: Geburt und Taufe des Sohnes Alois.
1926	29. September: „Michelitag": Der Bruckthalerhof brennt bis auf die Grundmauern nieder. Brandursache ungeklärt. Die Familie kommt vorübergehend im Zuhaus der im Austrag lebenden Großeltern unter.
1927–1928	Wiederaufbau des Bruckthalerhofes durch „Brandbettel", eine bäuerliche Vorform der Feuerversicherung auf der Grundlage nachbarschaftlicher Hilfeleistung. Durch zu groß bemessenen Wiederaufbau und die Weltwirtschaftskrise erliegt Irlmaier der Schuldenlast und muß den heimatlichen Hof aufgeben.
1928	Versteigerung des Bruckthalerhofes. 26. November: Irlmaier verläßt die Gemeinde Eisenärzt und meldet sich in Freilassing an. Kauf der leerstehenden „Kurr-Villa" im Weiler Hagn, Gemarkung Salzburghofen. Notdürftiger Lebensunterhalt durch Vermietung an drei Parteien und Aufnahme der Berufstätigkeit als Installateur: Wassersuche, Wasserinstallation, Brunnenbau. Erste Vision in einer Bauernstube von Kuchl, Salzkammergut. Die Gottesmutter Maria tritt, nach Irlmaiers Zeugnis, aus dem Rahmen ihres Bildes heraus und lächelt ihn an. Einsetzen außersinnlicher Wahrnehmungen, ungeklärt, ob als Spätfolge der Kriegsverschüttung. Er sieht „Manndeln und Landschaften, Tote und Lebendige".
1930	14. Februar: Tod des Vaters. 28. Oktober: Geburt der Tochter Elisabeth.

Zeittafel

1932	14. Oktober: Tod der Mutter.
1934	Verkauf der Kurr-Villa, Erwerb eines Grundstücks an der Waldstraße 7 (später Pestalozzistraße 9a, heute Jennerstraße 7) als Lagerplatz. Einzug in eine Dreizimmerwohnung, Reichenhaller Straße 41. Große Erfolge als Wassersucher und Brunnenbauer. (Irlmaier baut im Laufe seines Lebens nahezu tausend Brunnen; die tiefsten Schächte in Obing und am Wank messen 80 und 81 Meter.)
1939	Seit Kriegsbeginn wird Irlmaier von immer größeren Bevölkerungskreisen um Rat und Auskunft in privaten Nöten angegangen. Er stellt sich in einer Bauhütte auf seinem eingezäunten Grundstück oft stunden- und tagelang zur Verfügung. Da seine Angaben über abwesende und vermißte Personen, Tote und Lebendige, vergangene und künftige Ereignisse eine hohe, nicht mehr mit Zufall zu erklärende Trefferquote aufweisen, verbreitet sich sein Ruf im ganzen deutschen Sprachraum, ja darüber hinaus. Er nimmt für seine präkognitiven Auskünfte kein Geld, bezahlt mancher unbemittelten Frau die Heimfahrt aus eigener Tasche.
1940	5. November: Geburt der Tochter Rita.
1942–1945	Irlmaiers Sohn Alois ist Infanteriesoldat in Rußland.
1943	Dr. Conrad Adlmaier, Traunsteiner Druckereibesitzer, Zeitungsherausgeber und Redakteur, wird auf Irlmaier aufmerksam. Die gewissenhafte, bis zu Irlmaiers Tod durchgehaltene Chronik seiner Voraussagen setzt ein.
1945	25. April: 17.30 Uhr und 21.30 Uhr verheerende Spreng- und Brandbombenangriffe

Zeittafel

	auf Freilassing: 164 Häuser teilweise, 65 Häuser total zerstört, 78 Tote. Irlmaier rettet durch seine Vorhersage ungezählte Menschenleben, baut für seine Familie einen Bunker, der standhält.
1946	Sohn Alois kehrt aus der Kriegsgefangenschaft heim, setzt seine Ausbildung als Dreher und Gießer fort, arbeitet nach Abschluß im väterlichen Betrieb.
1947–1948	Irlmaiers große politische Vorausschau über Ausbruch, Verlauf und Ende des Dritten Weltkrieges wird von Conrad Adlmaier stenographisch aufgenommen.
1948–1950	Bau eines Hauses auf dem Grundstück an der Waldstraße.
1950	Panik- und Hamsterkäufe wegen Irlmaiers Voraussagen in mehreren deutschen Städten. 12. April: Hauptlehrer Franz Stockhammer hält in Landshut seinen Vortrag: „Der große Seher von Freilassing – meine Erlebnisse mit Alois Irlmaier." 21. April: Irlmaier distanziert sich von Stockhammers Aussagen in einem Brief an die Presse. Höhepunkt der Pro- und Contra-Kampagne um Irlmaier. Erscheinen der ersten Auflage von Conrad Adlmaiers Broschüre „Blick in die Zukunft". Irlmaier bezieht sein Haus in der Wald-/Pestalozzistraße.
1953	Im Sommer macht Dr. Conrad Adlmaier zusammen mit Irlmaier einen Besuch bei dem Parapsychologen Pater Dr. Norbert Backmund im Kloster Windberg.
1954	Das Amtsgericht Laufen bestätigt Irlmaier eine alle geltenden Naturgesetze aufhebende

Zeittafel

	Gabe der außersinnlichen Wahrnehmung, bescheinigt wörtlich: „... verblüffende, mit den bisher bekannten Naturkräften kaum noch zu erklärende Zeugnisse für seine Sehergabe."
1954–1959	Irlmaier bricht buchstäblich unter den Anforderungen als Hellseher zusammen. Hunderte reisen zu ihm. Zweitausend Briefe liegen ungeöffnet in seiner Bretterbude aufgestapelt. Irlmaier, der sich Verleumdungen als Gewinnler und Scharlatan ausgesetzt sieht, zieht einen Stacheldraht, schafft sich einen scharfen Hofhund an und schreibt auf ein Schild: „Bin nur noch in Angelegenheiten des Brunnenbaus zu sprechen."
1956	Erscheinen der verbesserten zweiten Auflage von Adlmaiers Broschüre „Blick in die Zukunft".
1957	5. September: Tod von Irlmaiers Frau Maria. 8. September: Begräbnis auf dem Friedhof von Salzburghofen.
1959	Irlmaier beginnt im Frühsommer mit dem Bau einer Marienkapelle, kommt aber über die Grundmauern nicht hinaus. 26. Juli: 21.45 Uhr Tod Alois Irlmaiers im Oberstock des Hauses Pestalozzistraße 9a. Es ist der St. Anna-Tag. Mittwoch, 29. Juli, halb elf Uhr Begräbnis Irlmaiers auf dem Friedhof in Salzburghofen durch Pfarrer Markus Westenthanner.

ZEUGNISSE

Hans Bender
Irlmaier kann als eines der erstaunlichsten Phänomene unter den Sensitiven der neueren Zeit bezeichnet werden.

Günter Goepfert
Dem Phänomen Alois Irlmaier kann sicherlich nur jener gerecht werden, der sich gründlich mit Medialität und Prophetie befaßt. Dieses Wissen ist auch der Schlüssel zu Irlmaiers transzendenter Welt.

Durch die Macht des Gebetes von Millionen Menschen konnte und kann manche vorausgesagte Katastrophe gemildert, vielleicht sogar ganz abgewendet werden. So gesehen hatte auch Alois Irlmaier durch seine Schauungen und Prophezeiungen, die viele Zeitgenossen zum Glauben zurückführten, eine Mission zu erfüllen.

Norbert Backmund
Seine Freunde meinten, er sei so unbegabt gewesen, daß er seine Gesichte nie hätte erfinden können. Seine Phantasie war recht begrenzt. Er war alles andere als schlau und gerissen.

Ich habe sehr viel mit Augen- und Ohrenzeugen gesprochen, die seine Sachen erlebt haben, ganz erstaunliche Dinge. Er konnte in ein leeres Zimmer gehen, wo man alles hinausgeräumt hatte, dann sagte er genau, wer da drin wohnt und was die Leute für Krankheiten haben. Er hat diese Leute nie gesehen, wußte auch nicht, wer sie waren.

Er mußte sich beim „Schauen", das ihn sehr anstrengte, stark konzentrieren. Nicht immer sah er gleich gut und klar. Nach längerer Beanspruchung machten sich Ermüdungserscheinungen bemerkbar.

Reinhard Wittmann
Wer weiß, wie weit verbreitet in ganz Altbayern neben den Prophezeiungen des Mühlhiasl jene von Alois Irlmaier sind, kann sie nicht mit einem blasierten Achselzucken abtun. Die tiefe eschatologische Überzeugung dieses Volkes, daß alles „aufgesetzt" sei und sich erfüllen müsse, geht freilich in die Irre, wenn sie aufs wörtliche Eintreffen wartet. Die aktuelle weltgeschichtliche Lage scheint alle eines Besseren zu belehren, die einen plötzlichen Sturmangriff roter Horden, eine weitgehende kriegerische Zerstörung Mittel- und Osteuropas fürchten. Aber Irlmaiers Vorhersage für unser Jahrzehnt „Drüben im Osten geht's wild her" kennzeichnet die Situation dennoch genau: die Auflösungserscheinungen des russischen Kolonialreiches, den wachsenden Nationalismus der Sowjetrepubliken, die wiedererwachende Religiosität, und vor allem die geistige wie brachiale Intoleranz des fanatischen Islam.

Die großen Vernichtungsschlachten, die der sensitive Rutengeher mit instinktiver Witterung für die Jahrtausendwende vorhersah, werden auf einem anderen Feld geführt, als er es nach dem Schock des Weltkrieges in militärische Bilder faßte. Die zerstörerischen Kräfte des Menschen wenden sich nicht so sehr gegeneinander, sondern vielmehr gegen die Natur. Wie Sepp Wudy das großflächige Absterben des Böhmerwaldes („versengt wie ein Strohschübel") ahnte, wie die Helmsauer Marie und der Waldviertler aufs Jahr genau die radioaktive „Funkenregen"-Katastrophe von Tschernobyl vorausdatierten, so hat auch Irlmaier die Umweltvergiftung, die Chemieunfälle à la Seveso, den atomaren GAU imaginiert (den „gelben Nebel", die verdorbenen Lebensmittel, die giftige Milch, die düsteren Wolken), ja sogar den Klimawechsel durch den Treibhauseffekt.

Es waren allesamt einfache, bäuerliche Menschen, die die elementare Bedrohung der Erde ums Jahr 2000 spürten. Wir können über ihre ungelenken Versuche, sie in

Worte zu fassen, leider keineswegs lächeln. Und auch die bayerischen Bauern, die bedeutungsvoll vom Irlmaier raunen, tun nach Kräften das ihre, um seine Prophezeiungen vom Endkampf gegen die Natur Wirklichkeit werden zu lassen.

Herbert Schneider

Gab und gibt es auch Hellseher, die rosarote Zeiten prophezeien, Steuersenkungen und Gesundheits-Epidemien vorhersagen? Zumeist kommt Düsteres, Unheilschwangeres, Katastrophales aus ihrem Munde, wenn sie ihn in Richtung Zukunft aufmachen. Und deshalb: Sollte sich so ein mit „Gesichten" geplagter Mensch erbieten, mir mein Schicksal vorherzusagen, würde ich sofort zu rennen beginnen und erst innehalten, wenn ich außer Rufweite wäre. Das heißt nun nicht, daß ich dieses Buch von Wolfgang Johannes Bekh über den Irlmaier ins hinterste Eck stellen werde. Im Gegenteil: Ich werde es mit kritischem Verstande lesen, mich über gute Vorhersagen, die eingetroffen sind, ebenso freuen wie über nicht eingetretene Katastrophen, die zum Glück auch alle andern, die angeblich noch im Schoß der Zukunft schlummern, relativieren. Damit läßt sich dann sicher leben, wenn es schon keine Hellseher gibt, die vorwiegend hell- anstatt schwarzsehen.

Bernhard Ücker

Oft wünschen sich Menschen sehnlich, Künftiges schauen zu können – teils aus Neugierde, oder um mehr als andere zu bedeuten, und etliche wieder hoffen auf Trost durch die Schau einer guten Zukunft. Meist beneiden sie einen Seher um seine Gabe, denken nicht selten an Ruhm und Reichtum. Nicht wenige aber lassen nur Spott oder gar Verleumdung hören und sprechen von Scharlatanerie.

Alois Irlmaier hat all das widerlegt. Seine Sehergabe war ihm eher aufgebürdet als verliehen und ist ihm zur

Last geworden. Hat er doch immer wieder bis zur Erschöpfung darunter gelitten, wenn er zahllosen hilfesuchenden Menschen nichts Gutes verheißen konnte, und ist nicht selten geflohen vor denen, die von ihm eine bessere Zukunft erbetteln wollten.

Wo er dann helfen konnte, hat er's getan und ist davon weder berühmt noch reich geworden. Denn Geld hat er für seine Hilfe nie verlangt, hat so mancher armen Haut unter seinen oft verzweifelten Fragestellern sogar noch die Heimfahrt aus der eigenen Tasche bezahlt und auch Angebote aus Übersee abgelehnt, für reichen Lohn Ölquellen aufzuspüren.

Gegen die Verleumdung aber, ein Scharlatan zu sein, die Menschen also zu betrügen, sollten ihn vor aller Welt der Anfang und das Ende seines Seherlebens schützen: Denn begonnen hat es damit 1928, als ihm in einer österreichischen Bauernstube ein Marienbild für Sekunden ein gütiges Lächeln schenkte – und am Ende 1959, als er mit dem Bau einer Marienkapelle begonnen hatte: da werde er sterben, das war seine Voraussage für das eigene Leben gewesen. Und so kam es auch.

Die Last aller Propheten: Mit ihrer Sehergabe *Dem* zu dienen, der die Menschen warnen und zur Umkehr mahnen will.

Hans F. Nöhbauer

Die Herren sitzen in der Hofburg zu Wien. Sie zählen Raketen, Panzer und Flugzeuge, sie sprechen von Truppenverringerung und von Waffenvernichtung ...

Dann haben sie sich also alle geirrt, die großen und die kleinen Apokalyptiker, der Bartholomäus Holzhauser, der Mühlhiasl und auch der Alois Irlmaier aus Freilassing? Denn wo sollen die mächtigen Armeen nun herkommen, und wie soll das „große Abräumen" geschehen, wenn Schwerter zu Pflugscharen werden?

Die großen Verwüstungen, das Elend und die Katastrophen waren fast immer durch fremde Heere über die Völker gekommen. Das war schon so vor Jericho, so zogen die Ungarn vor tausend Jahren durchs Baiernland, später kamen die Schweden, die Franzosen, die Österreicher. Anders als durch einen Krieg konnte man sich die Vernichtung der Welt nicht vorstellen. So sah's der Mühlhiasl und so der Irlmaier.

Seit einigen Jahren wissen wir es aber, daß keine Panzer rollen und keine Bombenflugzeuge aufsteigen müssen, um das Ende der Welt herbeizuführen: das „große Abräumen" besorgen wir selbst. Die Wälder sterben, die Äcker versteppen, die Meere brechen über weites Land herein, das Wasser ist vergiftet und die Sonne tötet.

Der Irlmaier und der Mühlhiasl konnten sich das alles nicht vorstellen. Sie sahen die große Katastrophe in Bildern, die ihnen vertraut waren. Was mit der Welt in künftigen Zeiten geschieht, meinten sie, das können nur Soldaten anrichten. Nur Gott oder Generäle haben die Macht, den Weltuntergang herbeizuführen.

Wir sehen's heute anders.

Doch wer weiß? Vielleicht hilft alles Raketenzählen und alles Truppenreduzieren nichts: „Es wird ein großer Krieg kommen", sagt der Mühlhiasl, „ein Kleiner fangt ihn an ... " Und der Irlmaier erzählt, er sehe drei Neuner, „der dritte Neuner bringt den Frieden".

Anton Neuhäusler

Von Alois Irlmaier ist mir ein Fall unmittelbar bekannt. Die mit uns befreundete Anna K. aus Hausham fuhr zu ihm nach Freilassing, um ihn zu fragen, ob ihr Verlobter Josef St. aus Bergham, der in Rußland vermißt war, wiederkommen würde. Irlmaier bejahte es mit Bestimmtheit. Kurze Zeit darauf kehrte Josef St. aus sowjetischer Gefangenschaft zurück.

Eine einzelne Vorhersage dieser Art hat an sich keinen Beweiswert. Sie könnte auch eine auf gut Glück gemachte Aussage sein, deren Erfüllung im Bereich des mehr oder weniger Wahrscheinlichen und damit Erhoffbaren liegt. Erst eine Häufung von richtigen Angaben, die ein fortgesetztes zufälliges Zutreffen als äußerst unwahrscheinlich erscheinen lassen, weist auf eine „parapsychische" Begabung dessen hin, der solche Trefferreihen leistet. Der Autor weist solche „Trefferhäufungen" Irlmaiers nach. „Hellsehen in die Zukunft", auch Präkognition genannt, kann nach zahlreichen Forschungsergebnissen im In- und Ausland, die mit strenger Protokollierung und statistischer Auswertung erfolgten, als hochwahrscheinlich angenommen werden. Auch wenn es weniger häufig aufzutreten scheint als „bloße" Telepathie, die sogenannte „Gedankenübertragung".

Falls es solche Präkognition gibt, besteht die noch unlösbare Frage nach dem „Wie?". Manche meinen, hellseherische Vorausschau von Ereignissen – die man nicht vorauskalkulieren kann – sei deshalb möglich, weil „die Zukunft schon festliegt". Der hellseherisch Begabte hätte die Fähigkeit, in die „schon existierende Zukunft" vorauszueilen. Diese Auffassung ist irrig, weil man das reale Nacheinander-Geschehen der Dinge nicht leugnen kann. Auf den Fall des Josef St. angewandt: Er konnte nicht a) in Bergham abwesend und b) in Rußland anwesend sein. Beides war nur nacheinander möglich.

Die Zukunft steht noch nicht „fest" wie etwa eine Landkarte im Dunkeln, die erst wir mit dem „Lämpchen unseres Bewußtseins" ableuchten. Sie existiert bestenfalls als „ideeller Entwurf" – ob und in welchem umgreifenden Bewußtsein, wissen wir nicht –, der erst durch die wirklichen Ereignisse erfüllt wird, vielleicht auch nicht. Es sind sogar Fälle bekannt, in denen die anscheinend hellseherische Voraussage als Warnung diente, die das wirkliche Eintreten des Ereignisses verhinderte! Es gibt auch den umgekehrten Fall: daß die Voraussage eines zukünftigen Ereignisses dieses „herbeibeschwört", weil der verängstigte Klient es unbewußt ansteuert! Deshalb Warnung vor scharlatanischen „Prophezeiungen"! Daß Irlmaier nicht zu diesen „Schicksalspfuschern" gehörte, ist auch meine Überzeugung.

August Kühn
In einer Zeit, die sich aufgeklärt und wissenschaftlich gibt, ist da Platz für einen, der über den Rand dieser rationalen Suppenschüssel hinaussehen will? Doch, es wird auch in unseren Tagen berichtet von späten Schamanen im Land nördlich der Alpen und es finden sich in dieser Region ehemals keltischer Besiedelung hin und wieder Leute mit solch speziellen Begabungen, die sich einer wissenschaftlichen Erklärung widersetzen. Wer einmal einem Rutengeher zusehen konnte, wird eingestehen müssen, daß seine erfolgreiche Tätigkeit keine Schimäre ist, aber er wird nicht begründen können, welche Gesetzlichkeiten sein Tun begünstigen. Müssen wir es können? Machen wir doch eine (umfängliche) Liste mit all den Fragen, auf die wir keine Antwort wissen und heben wir uns die Lösung der Widersprüche für später auf – in der Reihenfolge, die von den Alltagsproblemen diktiert werden.

Abschließend noch sei die Frage gestellt, ob nicht auch die überaus sensibel ins Leben und in die Umwelt hineinfühlenden wahren Schriftsteller eine Portion Schamanentum weitertragen, wenn sie vor heraufziehendem Unheil zu warnen versuchen?

LITERATUR ÜBER ALOIS IRLMAIER

Eine Auswahl

Adlmaier, Conrad: Blick in die Zukunft, 1. Auflage, Traunstein 1950

Adlmaier, Conrad: Blick in die Zukunft, 2. Auflage, Traunstein 1956

Adlmaier, Conrad: Blick in die Zukunft, 3. Auflage, Traunstein 1961

Backmund, Norbert: Hellseher schauen die Zukunft, 2. Auflage, Grafenau 1972

Becsi, Kurt: Aufmarsch zur Apokalypse, Wien 1971

Bekh, Wolfgang Johannes: Bayerische Hellseher, 1.. Auflage, Pfaffenhofen 1976

Bekh, Wolfgang Johannes: Das dritte Weltgeschehen, Pfaffenhofen 1980

Bekh, Wolfgang Johannes: Am Vorabend der Finsternis, Pfaffenhofen 1988

Brik, Hans Theodor: Die Vision der letzten Tage, Würzburg 1987

Friedl, Paul: Prophezeiungen aus dem bayerisch-böhmischen Raum, Rosenheim 1974

Hagl, Siegfried: Die Apokalypse als Hoffnung, München 1984

Hübscher, Arthur: Die große Weissagung. Geschichte der Prophezeiungen, München 1952

Klee, Konrad: Nostradamus, Prophet der Zeiten und Momente, München 1982

Krone, Wolfgang Hermann: Großes Feuer, limitierte Auflage, Gino-les-les-Bain 1989

Ortner, Reinhold: Die Berge werden erbeben, Stein am Rhein 1982

Pohl, Erwin: Große Ereignisse stehen bevor, Wien 1989

Retlaw, E. G.: Prophezeiungen über Ausbruch und Verlauf des dritten Weltkrieges, Murnau 1961

Schönhammer, Adalbert: Psi und der dritte Weltkrieg, Bietigheim 1978

Silver, Jules: Prophezeiungen bis zur Schwelle des 3. Jahrtausends, Genf 1974

Stocker, Josef: Der dritte Weltkrieg und was danach kommt, Wien 1978

Werk der Barmherzigen Liebe (Hrsg.): Deine Tage sind gezählt, Flüeli-Ranft 1989

Weitere angeführte Literatur

Curique, Henri: Prophetische Stimmen (Voix prophetiques, Paris 1872), Luxemburg 1871

Gustafsson, A.: Merkwürdige Gesichte! Die Zukunft der Völker, gesehen vom Eismeerfischer Anton Johannsson aus Lebesby. Aufgezeichnet zur Erweckung und Errettung der Menschheit. Deutsche Übertragung aus dem Schwedischen, Stockholm 1953

Stockert, Josef: Der mahnende Finger Gottes im Zeichen von Rauch und Feuerflammen, München 1969

Strohm, Holger: Friedlich in die Katastrophe, Frankfurt 1981

DANKSAGUNG

Dank für Unterstützung bei der Arbeit an diesem Buch sei gesagt:

Herrn Siegfried Adlmaier, Traunstein; Herrn Willi Baumgartner, Einwohnermeldeamt Freilassing; Frau Lilly Buchfelder, Volkshochschule Freilassing; Frau Maria Ertl, Siegsdorf (Oberscharam); Herrn Matthias Ertl, Siegsdorf; Frau Mathilde Dreisbach, Landshut; Herrn Walter Freinbichler, Hallein; Frau Maria Freinbichler, Hallein, Gemeindekanzlei Siegsdorf; Herrn Geistl. Rat Johann Hönegger, Anthering; Frau Maria Holzleitner, Freilassing; Frau Anita Klinger-Franken, Ramsau; Herrn Alois Kraller, Moosham/Obb.; Frau Rita Matheisl, Freilassing; Frau Juliane Mayer, geb. Standl, Frasdorf (Bichl); Frau Therese Niederberger, Ruhpolding; Pfarrei St. Rupertus, Freilassing; Pfarrei Mariä Unbefleckte Empfängnis, Siegsdorf; Frau Lisa Pousette, Siegsdorf; Frau Rosi Raab, München; Herrn Hans Stahuber, Großhöhenrain; Herrn Johann Standl sen., Freilassing; Herrn Heinz Tschimpke, Standesamt Freilassing; Herrn Peter Utz, Eldering.

ABBILDUNGSVERZEICHNIS

1 Alois Irlmaier, Porträt-Aufnahme um 1950; **2** Wallfahrtskirche Maria Eck, wo Irlmaier oft betete; **3** Die Kirche Mariä Unbefleckte Empfängnis von Siegsdorf, in der Alois Irlmaier am 8. Juni 1894 getauft wurde; **4** Der „Bruckthaler", Irlmaiers 1926 abgebranntes und 1927 wiederaufgebautes Geburtshaus in Scharam, Zustand 1990; **5** Die „Kurr-Villa" in Hagn, Gemarkung Salzburghofen. Domizil der Familie Irlmaier in den späten zwanziger und frühen dreißiger Jahren, Zustand 1990, nach dem Umbau; **6** Der Traunsteiner Druckereibesitzer und Schriftsteller Dr. Conrad Adlmaier um 1958; **7** Wenn er über eine Wasserader kam, wurde es in seinen Fingern „wurlert": Alois Irlmair um 1950; **8** Das Haus in der Reichenhaller Straße von Freilassing, wo Irlmaier in den dreißiger und vierziger Jahren zur Miete wohnte. Der vordere Teil des rechten Flügels wurde erst nach Irlmaiers Auszug angebaut; **9** Der Zeuge Irlmaier auf dem Weg zum Gericht, Anfang der fünfziger Jahre; **10** Irlmaier beim Gang mit der Wünschelrute, 1950; **11** Alois Irlmaier und Heinz Waltjen 1933 in Arlaching. Irlmaier mit der Drahtschlaufe; **12** Pater Dr. Norbert Backmund im Ordensgewand der Prämonstratenser. Aufnahme auf dem Jahr 1974; **13** Wolfgang Johannes Bekh und Pater Dr. Norbert Backmund im Gespräch am 21. Juli 1975; **14** Irlmaiers Haus in der Waldstraße, später Pestalozzistraße, jetzt Jennerstraße 7, im Jahre 1950 fertiggestellt; **15** Ein Brief Alois Irlmaiers an die Süddeutsche Zeitung, 21. April 1950; **16** Alois Irlmaier zu Anfang der fünfziger Jahre vor einem Portraitfoto von Pabst Pius XII. in seiner Wohnung; **17** Sterbebild Alois Irlmaiers. 26. Juli 1959; **18** Irlmaiers Grab im Friedhof von Salzburghofen, Reihe 62, Nummer 3

Vom selben Autor

Wolfgang Johannes Bekh
Therese von Konnersreuth
oder *die Herausforderung Satans*
1998. 494 Seiten, Festeinband.
ISBN 3-517-07988-X

Ein exemplarisches Lebensbild von der mystischen Macht und der heutigen Kraft des Christentums

Das Leben der stigmatisierten Therese Neumann (1898-1962), weltberühmt geworden unter dem Namen Therese von Konnersreuth, bleibt auch heute noch voller Geheimnisse. Dieses Buch läßt den Leser erahnen, was der Verstand verneint und was die Vernunft nicht begreift. Und doch ist die Geschichte dieses Lebens historische Wirklichkeit. Der Autor *Wolfgang Johannes Bekh* wurde 1925 in München geboren. Nach Beendigung der Schule besuchte er eine Schauspielschule und absolvierte ein Studium an den Universitäten München und Tübingen. Anschließend arbeitete er als Schauspieler und später als Redakteur für den Bayerischen Rundfunk. Er hat zahlreiche Bücher zu unterschiedlichsten Themen mit Schwerpunkt auf Bayern und bedeutende bayerische Persönlichkeiten publiziert. Der Autor erhielt bereits Ehrungen und mehrere Preise.

Heute lebt Bekh in Süddeutschland.

CORMORAN VERLAG

Was man über Bayern wissen sollte

Benno Hubensteiner
Bayerische Geschichte
1999. 566 Seiten, mit zahlreichen Bildtafeln.
Gebunden mit Schutzumschlag.
ISBN 3-7787-3789-9

Benno Hubensteiner versteht Kulturgeschichte und politische Geschichte als untrennbaren Zusammenhang, wodurch sein Buch den Charakter einer Geschichte der bayerischen Kulturleistung generell hat. Daß eine moderne bayerische Geschichte nicht nur Fürsten, sondern gerade Volksgeschichte ist, daß sie keine dürre Aufzählung von Jahreszahlen sein darf, sondern die bayerische Vergangenheit mit Leben und Farbe erfüllt, beweist der Autor mit diesem anschaulichen und unterhaltsamen Werk.

Benno Hubensteiner, Jahrgang 1924, war nach dem Geschichtsstudium im München mehrere Jahre Redakteur beim Bayerischen Rundfunk, Direktor des III. Fernsehens und Professor für Geschichte und Kunstgeschichte in Passau. Bis zu seinem Tod 1985 war er Ordinarius für bayerische Kirschengeschichte an der Universität München.

W. LUDWIG BUCHVERLAG GmbH